中国社会科学院院际合作系列成果·厦门

顾问：李培林　黄　强　主编：马　援　张志红

POLICY STUDY AND EVALUATION ON
THE XIAMEN'S COSTS CUTTING:
THE PATH TO ECONOMIC TRANSITION
AND GOVERNANCE

厦门降成本
评估与政策研究

探索经济转型与治理之路

王宏淼　张　平　张小溪　张　鹏　程锦锥　谢　谦　等　著

Wang Hongmiao / Zhang Ping / Zhang Xiaoxi / Zhang Peng / Cheng Jinzhui / Xie Qian

社会科学文献出版社
SOCIAL SCIENCES ACADEMIC PRESS (CHINA)

中国社会科学院和厦门市人民政府
科研合作项目组

顾　问

　　李培林　中国社会科学院副院长

　　黄　强　厦门市委常委、常务副市长

丛书编委会主任

　　马　援　中国社会科学院科研局局长

　　张志红　厦门市发展和改革委员会主任

中国社会科学院总协调组

　　组　长：王子豪　中国社会科学院科研局副局长

　　成　员：孙　晶　中国社会科学院科研局科研合作处处长

　　　　　　任　琳　中国社会科学院科研局科研合作处干部

厦门总协调组

　　组　长：傅如荣　厦门市发展和改革委员会副主任

　　成　员：戴松若　厦门市发展研究中心副主任

"厦门市降低企业成本与优化经济治理"课题组

课题组组长

马　援（中国社会科学院科研局）

张志红（厦门市发展和改革委员会）

张　平（中国社会科学院经济研究所）

课题组副组长

傅如荣（厦门市发展和改革委员会）

王宏淼（中国社会科学院经济研究所）

课题组成员

徐祥清（厦门市发展研究中心）

戴松若（厦门市发展研究中心）

谢　强（厦门市发展研究中心）

林　智（厦门市发展研究中心）

程锦锥（中国社会科学院经济研究所）

谢　谦（中国社会科学院经济研究所）

郭　路（中国社会科学院经济研究所）

张小溪（中国社会科学院经济研究所）

张　鹏（中国社会科学院经济研究所）

楠　玉（中国社会科学院经济研究所）

序　言

厦门是一座美丽而富含文化底蕴的城市，素有"海上花园""海滨邹鲁"之称。作为我国改革开放最早的四个经济特区之一，三十多年来，厦门人民始终坚持先行先试，大力推动跨岛式发展，加快城市转型和社会转型，深化两岸交流合作，努力建设"美丽中国"的典范城市和展现"中国梦"的样板城市，造就了厦门今天经济繁荣、文明温馨、和谐包容的美丽景象。

2014 年 11 月，按照习近平总书记密切联系群众、密切联系实际、向地方学习、向人民学习的要求，中国社会科学院院长、党组书记、学部主席团主席王伟光率中国社会科学院学部委员赴厦门调研。在这次调研中，中国社会科学院和厦门市人民政府签订了《战略合作框架协议》和《2015 年合作协议》，合作共建了"中国社会科学院学部委员厦门工作站"和"中国社会科学院国情调研厦门基地"。中国社会科学院与厦门市的合作在各个层级迅速、有序和高效地开展。

中国社会科学院和厦门市具有持续稳定的良好合作关系。此次双方继续深化合作，是中国社会科学院发挥国家级综合性高端智库优势作用，为地方决策提供高质量智力服务的一个体现。通过合作，厦门市可以为中国社会科学院学者提供丰富的社会实践资源和科研空间，能够使专家学者的理论研究更接地气，更好地推进我国社会科学理论的创新和发展，也能为厦门市科学、民主、依法决策提供科学的理论指导，使双方真正获得"优势互补"的双赢效果。

习近平总书记在哲学社会科学工作座谈会上指出：坚持和发展中国特色社会主义，需要不断在实践和理论上进行探索、用发展着的理论指导发展着的实践；广大哲学社会科学工作者要坚持人民是历史创造者的观点，树立为人民做学问的理想，尊重人民主体地位，聚焦人民实践创造。实践是创新的不竭源泉，理论的生命力也正在于创新。只有以我国实际为研究起点，才能提出具有主体性、原创性的理论观点和伟大作品。正是厦门人民在全国率先推动"多规合一"立法、在全国率先实施"一照一码"等许多创新性实践，为我们这套丛书中的理论闪光点提供了深厚的社会实践源泉。在调研和写作过程中，我们自始至终得到厦门市委、市政府、发改委、发展研究中心、自贸片区管委会、金融办、台办、政务中心管委会、社科院、海沧区政府等许多单位的支持和帮助，得到许许多多厦门市专家和实际工作部门同志的指点。在此，向他们表示由衷的感谢和真诚的敬意。

祝愿中国社会科学院和厦门市在今后的合作中更加奋发有为、再创佳绩，推出更多更好的优秀成果。

中国社会科学院副院长

2016 年 8 月 23 日

内容提要

当前，厦门市企业微观层面的相对成本已经接近其历史高位，且仍处于上升的趋势中。中观层面，实体经济相对衰弱，但地租上升，房价高涨，实业投资不足，年轻人流出加速，生产和生活成本压力倍增。宏观层面，测算得出厦门宏观税负率接近50% （2016年为48%）；与2016年厦门的人均可支配收入46254元相比，每位常住人口承担的总税负为46116元，两者基本为1∶1。上述挑战，结合厦门近年经济增长率下行、出口不振、创新能力弱化等表现，可以判断厦门市已初步显现"成本病"的某些特征，须对此加以关注。

当然，成本的快速上升，并不是厦门市独有的现象，而是中国各省份普遍面临的问题，它与城市化中的成本释放和约束趋紧、前期汇率升值的冲击与传递、人口转变、政府活动扩张、赶超中的歧视性政策补贴等方面的原因和制度根源有关。由此视之，降成本并不仅仅是企业生产方式或生产力的改变，实质上更是生产关系的调整，是一个系统工程。

近年来厦门市在供给侧结构性改革中，加大举措降低企业成本，取得了明显的成效，许多做法在全国领先，形成了"厦门经验"，但也有困惑和进一步改善的空间。分析降成本的约束条件发现：①在中国"垂直型"管理体制下，地方政府和企业的降成本明显受制于国家的财税或金融等宏观政策，受制于城市化条件下经济建设、社会管理和福利刚性的倒逼机制；②在现有政治经济背景下地方政府精简机构和削减财政供养成本并不那么容易；③对于一体化劳动力市场议价形成的市场薪酬或人工成本，以及高国际依存度的大宗商品和原材料市场化定价权，地方政府的可干预余地也不大；④通过简政放权和市场化改革来实现降成本的制度空间还不小，推动产业升级的效率空间可提升。

企业成本上升是符合国际发展经验规律与学术逻辑的，中国"成本病"的特殊性更在于由治理扭曲（管制、干预等）引发的资源错配。尤其是服务业成本激增，同时伴随着服务需求上升但效率低下等问题，与城市化时期政府干预的路径依赖及市场化改革停滞有关。破解之路只有一条，就是克服治理扭曲带来的资源错配，避免重蹈竞争与管制、封闭与开放严重对立的"两个日本"之覆辙，努力放松管制以促进竞争，积极鼓励创新以提升效率，让效率与成本赛跑，从而化被动为主动，提升企业竞争力和实现治理升级。因此在以"消极被动型"或"成本节约型"挤压举措来减轻企业负担的同时，厦门市宜从"硬化预算、强化竞争、专项治理、激励创新"16字入手，进一步推进"财政透明化"改革，"硬化"政府机关、事业单位、国企等财政供养补贴部门的预算约束，推动国有企业、垄断企业和事业单位的市场化变革，延续从自贸区推出的有关治理升级，如落实"负面清单"，已经成功的"营商环境"改革继续深化，着眼于体制改革新探索，加快推进国有企业改制，放松服务业管制，减少对土地财政的依赖并遏制地产投机，把经济租金留在民间，吸引各类人才向厦门汇集，激励企业创新和提高效率来实现成本补偿，从而以"积极主动型"或者"效率提升型"措施达成降低企业相对成本的目标，配合更为开放、公平和高效的一流营商环境建设，尽快使厦门市从原来的劳动力比较成本优势转为国际化竞争优势。

目　录

厦门降成本评估与政策研究
——探索经济转型与治理之路

总报告

厦门市降低企业成本与优化经济治理

王宏淼　张　平[*]

一　导言

经过近 30 年的开放发展，厦门市 2013 年末人均 GDP 达到 1.3 万美元，跨越了世界银行定义的"上中等收入经济体"的上限[①]，一举进入了"高收入经济体"区间。2016 年以本币度量的人均 GDP 达到了 9.53 万元人民币[②]，正在逼近国内省市十万元人均收入"俱乐部"。第三产业比重从 2012 年的 48% 增至 2016 年的 58%，五年来增长了 10 个百分点，经济呈现明显的服务化特征，服务业成为经济增长主引擎，2016 年对经济增长的贡献率达到 69%[③]，在创造

[*] 王宏淼，中国社会科学院经济所研究员，研究生院教授，兼任中国社会科学院上市公司研究中心副主任；张平，中国社会科学院经济研究所研究员，研究生院教授，兼任中国社会科学院上市公司研究中心主任，国家金融与发展实验室副主任。

[①] 世界银行按照图表集方法计算的对各国 2010 年人均 GNI 分组为：低于 1006 美元，低收入经济体；1006～3975 美元，下中等收入经济体；3976～12275 美元，上中等收入经济体；高于 12275 美元，高收入经济体。2015 年高收入经济体的标准已调整为人均 GNI 高于 12476 美元。

[②] 受人民币汇率贬值影响，2016 年人均 GDP 为 1.44 万美元，比上年略有下降。

[③] 《2016 年厦门国民经济运行情况》，厦门统计局网站，http://www.stats - xm. gov. cn/ tjzl/tjgb/xwfb/201702/t20170207_ 29384. htm，2017 年 2 月 6 日。

税收与吸纳就业方面作用突出，但发展中的隐忧也不少。最值得关注的是近年厦门经济增长遭遇了自特区成立以来最为严重的持续下滑趋势，增长率2012年为12.1%、2013年为9.4%、2014年为9.2%，2015年跌至7.2%。2016年回升至7.9%——但这是政府通过扩大基建和重点投资等"稳增长"举措才得以实现的。与国内大多数沿海城市一样，长期以来厦门在改革创新、人口红利、资本积累、国际化等因素交互作用下获得了超常规的加速增长，但随着发展阶段从"低价工业化"进入"高价城市化"，原有的低成本比较优势在近年几乎消失殆尽。要素成本快速上升并结合房价地价高涨所带来的生产成本与生活压力，依靠要素积累的外延式数量扩张已无法得到消解，在创新不足的情况下，不仅难以维系原有增速，甚至面临发展停滞的风险。

如何降低企业成本尤其是降低阻碍企业转型升级和创新发展的成本，成为从中央到地方供给侧结构性改革的关键环节。2015年，中央经济工作会议明确了"降成本"等五大任务，从降低制度性交易成本、降低人工成本、降低企业税费负担（包括降低制造业增值税税率）、降低社会保险费、降低企业财务成本、降低电力成本和降低物流成本七个方面提出了努力方向。其后福建省也出台了相应的举措。围绕中央与福建省政府的要求，厦门市政府实施了"降成本、优环境"专项行动，2016年初出台35大项"组合拳"举措来降低企业成本，推动建立系统性的降低企业成本管控服务体系，力图将厦门市打造成为"全国企业经营成本最低、营商环境最优的城市"。根据官方的统计公报[①]，2016年上半年，厦门市规

---

① 厦门市统计局：《2016年上半年厦门国民经济运行情况》，http://www.stats-xm. gov.cn/tjzl/tjgb/xwfb/201608/t20160809_28540.htm，2016年8月9日。

模以上工业企业主营业务成本仅增长 2.1%，销售费用、管理费用分别增长 2.7% 和 3.7%，财务费用下降 11.1%，企业利润总额增长 11.6%，同比提高 17.5 个百分点。养老保险单位缴费比例为 12%，为全国最低，企业社保费率低于全国平均水平。另据 2017 年厦门两会《政府工作报告》披露，2016 年降成本行动共计为企业减负近 200 亿元。厦门降成本已经取得了一定成效。

在之前自贸区课题研究①的基础上，为了总结厦门市降成本的经验，发现降成本中存在的困难或问题，探索进一步降低企业成本的政策路径，我们接受了厦门市政府委托就"厦门市降低企业成本与优化经济治理"这一主题进行研究。2016 年 11 月课题组前往厦门，与市政府相关部门召开了多层次的座谈，实地走访调查了若干样本企业，获得了对厦门现状的感性认识。其后数月我们广泛搜集相关的公开数据、政策条文和理论文献，细致研读，多次讨论，逐步形成了对厦门市成本现况、成本上升机理、降成本政策进程、未来对策等的认识。2017 年 3 月课题组按计划提交了中期报告。4 月中旬完成了课题报告初稿的撰写。之后专程前往厦门召开座谈研讨会，听取了相关部门和专家的修改建议，回来后根据反馈意见对报告进行修改，才有了目前的最终报告。

我们的基本认识是，厦门企业的相对成本已经接近其历史高位且仍处于上升的趋势中，同时创新能力出现弱化，初步显现"成本病"的某些特征，这给厦门经济的持续健康发展带来了很大的挑战。成本的快速上升，并不是厦门市独有的现象，而是中国各省市普遍面临的问题，它与城市化中的成本释放和约束趋紧、前期汇率升值

---

① 该项研究的最终成果为：张平、王宏淼等《厦门自贸区政策研究和评估：自贸区改革突破与"十三五"转型升级战略》，社会科学文献出版社，2016。

的冲击与传递、人口转变、政府扩张、赶超中的歧视性政策补贴等方面的原因和制度根源有关。由此视之，降成本并不仅仅是企业生产方式或生产力的改变，实质上更是生产关系的调整，是一个系统工程。近年来厦门市在供给侧结构性改革中，加大举措降低企业成本，取得了明显的成效，许多做法在全国领先，形成了"厦门经验"，但也有困惑和进一步改善的空间。分析降成本的约束条件发现：在中国"垂直型"管理体制下，地方政府和企业降成本明显受制于国家的财税或金融等宏观政策，受制于城市化条件下经济建设、社会管理和福利刚性的倒逼机制；在现有政经背景下地方政府精简机构和削减财政供养成本并不那么容易；对于一体化劳动力市场议价形成的市场薪酬或人工成本，以及高国际依存度的大宗商品和原材料市场化定价权的可干预余地也不多；通过简政放权和市场化改革来实现降成本的制度空间还不小，推动产业升级的效率空间可提升。

企业成本上升是符合国际发展经验规律与学术逻辑的，中国"成本病"的特殊性更在于由治理扭曲（管制、干预等）引发的资源错配。尤其是服务业成本激增、同时伴随着服务需求上升但效率低下等问题，与城市化时期政府干预的路径依赖及市场化改革停滞有关。破解之路只有一条，就是克服治理扭曲（管制、干预等）带来的资源错配，避免重蹈竞争与管制、封闭与开放严重对立的"两个日本"之覆辙，努力放松管制以促进竞争，积极鼓励创新以提升效率，让效率与成本赛跑，从而化被动为主动，提升企业竞争力和实现治理升级。因此在进行"消极被动型"或"成本节约型"挤压举措来减轻企业负担的同时，厦门市宜从"硬化预算、强化竞争、专项治理、激励创新"16字入手，进一步推进"财政透明化"改革，"硬化"政府机关、事业单位、国企等政府供养补贴部门的预算约束，推动国有企业、垄断企业和事业单位的市场化变革，从自贸区推出有关治理升级，如推进落实"负面清单"，已经成功的"营商环境"改革继续升级，着眼于体制改革新探索，放松服务业管制，减少对土地财政的依赖并遏制地产投机，把经济租金留在民间，吸引各类人才向厦门汇集，激励企业创新和提高效率来实现成本补偿，从而以更为"积极主动型"或者"效率提升型"措施达成降低企业相对成本的目标，配合更为开放、公平和高效的一流营商环境建设，尽快使厦门市从原来的劳动力比较成本优势转为国际化竞争优势。

本课题研究报告包括一份总报告和关于劳动力成本、融资成本、流通成本、创新效率、工业生产率、政策跟踪等若干专题研究分报告。总报告分为五大部分，第一部分是导言，介绍研究背景与报告内容；第二部分对厦门企业成本现状进行评估；第三部分厘清了企业成本快速上升的经济逻辑和制度根源；第四部分考察了厦门市降低企业成本方面的进程和举措，得到了"厦门经验"；第五部分剖析了降成本的约束条件与可拓展空间，最后结合厦门市的情况提出政策建议。

二 现状评估：厦门企业相对成本高企且仍在上升

企业生产要素成本既包括劳动力成本、资金成本、土地成本、能源原材料成本、税费成本、社保成本等直接生产成本，也包括物流成本和汇率成本等流通成本，还包括整体营商环境等外部制度成本。2016 年，厦门市经信局牵头组织 73 家重点工业企业、软件和信息企业、中小企业开展企业成本问题调研。调研中企业反映的当前企业生产经营负担和诉求主要集中在税费成本、财务成本、人工成本、用能成本、物流成本、环保成本、制度性交易成本等七个方面。其中，财务成本体现在融资难、融资贵；贷款附加费用成本高，放款额度小；银行贷款期限短，过桥困难。用能成本包括用电用气，尤其是用电量大的大型企业压力更大。物流成本方面，包括当前码头仓储、物资分拨等费用项目繁多，费用居高不下等①。下面将结合厦门市的公开数据，就重点类项进行分析。

1. 企业总体成本费用高企

我们根据《厦门经济特区年鉴 2016》数据，得到厦门工业和服务业主要企业的成本与利润情况如表 1 所示。

根据表 1，进一步计算出厦门市第二、三产业主要企业的成本费用（见表 2）。

从表 2 可知，厦门市第二产业和第三产业的主要企业，2015年毛利率为 11.9%，其中工业企业（年主营收入 >2000 万元）的毛利率为 15%，主要服务业的毛利率为 10.6%。服务业中，毛利率相对较高的是住宿和餐饮业法人企业、房地产开发经营企业以及规模以上重点服务业，分别为 63.3%、42.9%、25.9%。进一步考察成本费用率发现，厦门企业的相对会计成本率（账面的成本＋费用）非常高，除房地产 67.4% 外，其他行业均在 95% 左右。若再考虑应当缴纳的营业税及增值税②，企业基本处于亏损的边缘。

---

① 厦门市发展研究中心：《厦门降低企业成本对策建议》，2016 年 4 月。
② 我们所计算的厦门企业微观税负率，基于《厦门经济特区年鉴》资料中的营业税金及附加、应交所得税、应交增值税三项合计。这样的"名义"的微观税负率计算当然是不甚严谨的，只是为了说明问题起见。我们同意课题初稿征求意见会上厦门税务局的看法："为计算实际微观税率，一，必须剔除增值税（价外税）；二，将应交所得税额换为'实缴所得税额'，因为应交所得税未扣除企业各种所得税减免优惠。"但这里要说明的是：①我们此处的计算并不是针对单个企业的，而是整个厦门市的，所以将应交增值税列入（并不是所有企业都可获得进项税抵扣），有助于观察总体层面的企业微观税负率；②受到公开数据限制，没能获得企业税收优惠数据；③税收优惠或减免，相较于名义征缴，实际上是另一层面的问题了。

表 1　厦门工业和服务业主要企业的成本与利润情况

单位：亿元

类别	营业收入	营业成本	营业利润	三费	其中			税金	其中			利润总额
					销售费用	管理费用	财务费用		营业税金及附加	应交所得税	应交增值税	
工业企业（年主营收入＞2000万元）	4854.5	4124.9	729.6	456.6	168.8	258.7	29.1	215.4	83.1	48.1	84.3	185.1
建筑业企业	1180.5	1076.3	104.2	40.0	1.9	34.7	3.5	43.5	35.7	7.9	0.0	30.9
主要服务业（不含金融）	9172.4	8195.6	976.8	659.1	327.5	226.1	105.6	262.5	116.8	85.6	60.1	448.4
批发和零售业法人企业（限额以上）	7276.0	6936.3	339.6	295.7	175.7	71.9	48.2	80.6	13.0	27.1	40.5	126.5
住宿和餐饮业法人企业（限额以上）	90.0	33.1	56.9	51.3	28.8	19.5	3.0	6.5	5.1	1.1	0.3	0.4

续表

类别	营业收入	营业成本	营业利润	三费	其中：			税金	其中			利润总额
					销售费用	管理费用	财务费用		营业税金及附加	应交所得税	应交增值税	
房地产开发经营企业	659.6	376.4	283.2	68.4	18.1	25.9	24.4	115.9	84.1	31.8	—	230.3
规模以上重点服务业	1146.9	849.8	297.0	243.7	104.9	108.8	30.0	59.5	14.5	25.6	19.3	91.2
合计	15207.4	13396.8	1810.7	1155.8	498.1	519.5	138.2	521.4	235.5	141.5	144.4	664.4

注：①建筑业企业数据为总承包和专业承包建筑业、劳务分包建筑业承包建筑企业两大类的合计。②厦门统计局监测的规模以上重点服务业包括十大类：交通运输、仓储和邮政业；信息传输、软件和信息技术服务业；房地产业（物业、中介服务与自有房产经营）；租赁和商务服务业；科学研究和技术服务业；水利、环境和公共设施管理业；居民服务、修理和其他服务业；教育；卫生和社会工作；文化、体育和娱乐业。

资料来源：《厦门经济特区年鉴2016》。

表2　厦门市主要企业的综合成本和利润的相对结构（2015 年）

单位：%

类别	毛利率	营业成本率	费用率	成本费用率	微观税负率	利润率	成本费用利润率
工业企业（年主营收入＞2000 万元）	15.0	85.0	9.4	94.4	4.4	3.8	4.0
建筑业企业	8.8	91.2	3.4	94.6	3.7	2.6	2.8
主要服务业（不含金融）	10.6	89.4	7.2	96.5	2.9	4.9	5.1
批发和零售业法人企业（限额以上）	4.7	95.3	4.1	99.4	1.1	1.7	1.7
住宿和餐饮业法人企业（限额以上）	63.3	36.7	57.0	93.8	7.2	0.5	0.5
房地产开发经营企业	42.9	57.1	10.4	67.4	17.6	34.9	51.8
规模以上重点服务业	25.9	74.1	21.3	95.3	5.2	8.0	8.3
企业总体	11.9	88.1	7.6	95.7	3.4	4.4	4.6

　　注：①毛利率＝1－营业成本/营业收入；营业成本率＝营业成本/营业收入；费用率＝（销售费用＋管理费用＋财务费用）/营业收入；成本费用率＝（营业成本＋销售费用＋管理费用＋财务费用）/营业收入；微观税负率＝税金合计/营业收入；利润率＝利润总额/营业收入；成本费用利润率＝利润总额/（成本＋费用）。②这里把企业会计账面税负占营业收入的百分比称为"微观税负率"是为了与通常所说的"宏观税负率"（总税负/GDP）相区分。

　　资料来源：根据《厦门经济特区年鉴 2016》计算得出。

在扣除综合成本及税负后，企业只有通过投资收益及营业外收入（政府补贴）来维持账面微薄的利润率（企业总体为 4.4%）。相对于规模以上重点服务业 8% 的利润率，主要工业企业的情况更不乐观,其利润率仅为3.8%。工业企业的营业利润率5.6%、利润率3.8%,而规模以上重点服务业营业利润率4.7%、利润率8%的相对格局进一步说明,服务业企业比制造业更多地依赖于资产处置和政府补贴等非常规收入。

上述2015年的时点数据或尚不足以说明问题。根据厦门统计局对工业经济效益综合指数的官方统计,我们将2000~2015年来厦门工业部门历年成本费用利润率绘成图1。该指标表明每付出一元成本费用可获得利润的多寡,体现了企业实际运作所带来的成果。图1表明,当前厦门工业部门的成本费用利润率为4.21%,几乎无异于2001年前后的通缩时期、2008年前后的国际金融危机冲击期,已经接近历史低点。反过来,亦说明厦门工业部门的相对成本费用率已经几近于历史最高点。

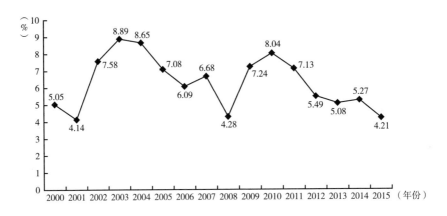

图1　厦门工业部门2000~2015年成本费用利润率趋势

资料来源:《厦门经济特区年鉴2016》。

2. 劳动力成本

表现一是用工成本处于上升趋势。厦门主要行业的平均人工成本及结构情况见表3。厦门企业很难招到高学历技术工人,只能边

表 3　2014 年厦门企业平均人工成本

项目	从业人员平均人工成本（元）	人工成本占总成本比重（%）	人事费用率（%）	人工成本利润率（%）	人工成本构成（%）						
					从业人员劳动报酬	社会保险费用	福利费用	教育经费	劳动保护费用	住房费用	其他人工成本
总计	79147	18.13	35.18	2.39	78.94	9.07	3.76	0.69	1.88	1.54	4.12
制造业	48176	15.71	17.24	2.45	83.11	8.96	4.52	0.49	0.88	1.48	0.56
电力、煤气及水的生产和供应业	80156	8.01	9.13	1.37	81.01	12.13	2.84	0.33	1.11	2.14	0.44
建筑业	77156	17.25	9.81	2.07	66.15	6.39	3.45	0.27	1.18	0.85	21.71
信息传输、计算机服务和软件业	81687	12.97	7.81	1.57	84.36	8.07	2.92	0.53	0.09	3.59	0.44
批发和零售业	65717	16.11	27.17	3.84	78.39	9.11	6.85	0.58	1.06	3.84	0.17
金融保险业	214687	24.27	52.97	5.67	79.21	11.13	3.83	1.11	0.05	4.24	0.43
房地产业	71387	15.17	39.17	6.93	80.11	8.49	4.92	0.33	0.21	4.64	1.30
租赁和商务服务业	55471	32.54	11.28	4.28	80.89	9.05	3.57	1.87	0.35	3.99	0.28

资料来源：厦门市人力资源和社会保障局。转引自厦门市发展研究中心《厦门降低企业成本对策建议》，2016 年 4 月。

用边培养，人才供需脱节造成结构性招工难，提高了招工和培养成本。2014 年厦门企业平均人工成本 79147 元，高于杭州企业的 70673 元，比杭州多 12%。2015 年厦门最低工资标准为 1500 元，非全日制用工小时最低工资标准为 16 元，均居全省第一档①。

表现二是社会保险费率从偏高降至最低，已基本无下降空间。据厦门市人力资源和社会保障局资料，与其他城市比，厦门在"降成本、优环境"专项行动之前，企业缴纳的社会保险费率偏高，这使厦门企业的人工成本不具比较优势。如在医疗保险方面，深圳单位缴交的比重为 6.2%，低于 2015 年厦门的 8%（见表 4）。

厦门市政府启动"降成本、优环境"专项行动后，出台了《厦门市人民政府关于继续实施部分企业扶持政策的通知》（厦府〔2015〕377 号），对基本养老保险费单位缴交部分费率进行了下调，即用人单位职工（不含按政策规定参加机关事业养老保险的人员）基本养老保险单位缴交部分的费率由 14% 调整为 12%，减征后涉及个人的保障待遇保持不变。这一新缴费标准，几乎是全国最低的。同时，延长《厦门市人民政府关于进一步减轻企业负担的通知》（厦府〔2016〕73 号）的适用期限到 2017 年底，即降低基本医疗保险费用人单位缴费费率，外来从业人员基本医疗保险费中用人单位缴交部分的费率由 4% 调整为 3%，减征后参保人员各项保障待遇不变，仍按照减征前的标准划拨个人账户。

从表 5 厦门市与深圳市的对比可知：医疗保险，深圳单位缴交比重 6.2%，厦门市从 2016 年 6 月起已经调整为 6%；企业缴纳费率，目前厦门市社保政策的单位缴费比例为 20.04%，低于深圳的

---

① 厦门市发展研究中心：《厦门降低企业成本对策建议》，2016 年 4 月。

表4　厦门社会保险费缴费标准

参保对象 / 险种			本市户籍职工	外来人员	本市户籍灵活就业人员和下岗失业人员	事业单位城镇职工	本市个体工商户业主及本市户籍雇工
养老保险	缴费基数（元）		3036.6～15183	1500	3036.6～15183	3036.6～15183	3036.6～15183
	缴费比例	合计	21%（2015.7～2015.12）20%（2016.1～2016.6）	21%（2015.7～2015.12）20%（2016.1～2016.6）	20%	21%（2015.7～2015.12）20%（2016.1～2016.6）	20%
		单位	13%（2015.7～2015.12）12%（2016.1～2016.6）	13%（2015.7～2015.12）12%（2016.1～2016.6）	全部由本人按月缴纳	13%（2015.7～2015.12）12%（2016.1～2016.6）	12%
		个人	8%	8%		8%	8%
医疗保险	缴费基数（元）		3036.6～15183	3036.6	3036.6～15183	3036.6～15183	业主：以3036.6元为基数按10%计缴；雇工：以个人工资为基数，按10%计缴（雇主8%、个人2%）
	缴费比例	合计	10%	6%	10%	10%	
		单位	8%	4%	全部由本人按月缴纳	8%	
		个人	2%	2%		2%	

续表

参保对象／险种			本市户籍职工	外来人员	本市户籍灵活就业人员和下岗失业人员	事业单位城镇职工	本市个体工商户业主及本市户籍雇工
失业保险	缴费基数（元）		≥1500	1500	就业困难人员中的灵活就业人员以个人上年度月平均工资为基数，按2%计缴	≥1500	≥1500
	缴费比例	合计	2%	1.5%		2%	2%
		单位	1.5%	1.5%		1.5%	1.5%
		个人	0.5%	—		0.5%	0.5%
生育保险	缴费基数（元）		3036.6～15183	3036.6～15183	—	—	3036.6～15183
	缴费比例	合计	0.8%	0.8%	—	—	0.8%
		单位	0.8%	0.8%	—	—	0.8%
		个人	—	—	—	—	—
工伤保险	缴费的对象、基数与缴费比例		①企业职工以上年度个人月平均工资为缴费基数，对照行业费率，由用人单位全额缴纳（不得低于最低工资标准）；②按建筑工程项目参加工伤保险的建筑企业，依《建筑、矿山及石材加工企业农民工参加工伤保险办法》（厦府[2005]356号）及费率调整的规定缴费；③市事业单位（指财政补助经费、经费自给及集体所有制的事业单位），民间非营利组织应以职工个人上年度月平均工资为缴费基数，按0.5%的缴费比例由单位缴纳				

资料来源：厦门市人力资源和社会保障局。转引自厦门市发展研究中心《厦门降低企业成本对策建议》，2016年4月。

表5　2016年厦门与深圳社会保险费费率对比

类别	厦门		深圳	
	单位	个人	单位	个人
养老	12%	8%	14%（本市）；13%（外来）	8%
医疗	6%（本市）；3%（外来）	2%	6.2%	2%
工伤	0.34%	0	0.34%	0
失业	1%（本市）；1%（外来）	0.5%（本市）	1.0%	0.5%
生育	0.7%	0	0.5%	0
合计	20.04%（本市）；17.04%（外来）	10.5%（本市）；10.0%（外来）	22.04%（本市）；21.04%（外来）	10.5%
五险一金总费率	30.54%（本市）；27.04%（外来）		32.54%（本市）；31.54%（外来）	

资料来源：厦门市人力资源与社会保障局。

22.04%。就社保阶段性降费措施实施效果看，2016年厦门市社保减负31.7亿元，深圳市社保减负57.8亿元，对比厦门市人口（392万）和深圳市人口（1130余万）以及两市企业数量的巨大差别，厦门市的社保政策在降低企业成本方面的力度是比较大的。不过，这也意味着厦门社保费率已基本无下降空间。

3. 资金成本

厦门市减负办自查报告分析厦门企业融资难题表现在"中小微企业融资渠道狭窄，金融机构融资门槛较高，社会融资成本太高"[①]。据厦门市统计局资料，43.5%的企业认为厦门企业融资难度大。另据国内首家在线金融搜索平台"融360"统计，在个人无抵押贷款"融资难、融资贵"综合系数最高的城市中，厦门排

① 厦门市减轻企业负担办公室：《关于开展2016年度降低企业成本减轻企业负担自查情况报告》，2016年11月2日，见厦门市政府网站。

在西安之后，位列第二。在融资成本方面，厦门的经营贷款融资成本全国最高，上海全国最低。据统计，厦门银行融资成本是月均1.25%、小贷公司为2.33%、典当行为3.32%、P2P机构为3.45%。厦门市发展研究中心《厦门降低企业成本对策建议》报告分析了厦门融资成本高的原因。一是缺乏融资渠道。34.3%的企业认为缺乏直接的融资渠道，目前出台的许多倾向于中小微企业的金融扶持政策，由于银行动力不足、成本效益不匹配、信息不对称、缺乏有效信用平台等问题，仍难以真正解决民企融资难问题。二是金融机构创新服务不足。36.1%的企业认为金融机构创新服务不足，无法满足中小企业的需求。三是小额（担保）贷款基金使用不完善。部分创业者以及企业家反映的主要问题是贷款条件过于严格且贷款程序较为复杂，例如：需提供有力的反担保条件（在实际操作过程中多数贷款者难以提供）、审批时间长、贷款量少等。

4. 地租、房租和房价

厦门市面积不到1700平方公里，岛内主体面积更是狭小，可谓寸土寸金。在近年城市化加速发展的形势下，厦门土地需求与土地资源有限的矛盾日益突出。2016年3月厦门市修订出台了《厦门市城镇土地基准地价》和《厦门市地价征收管理若干规定》，结合厦门自贸区建设，将厦门市基准地价片区调整为50个区片，土地用途调整为8类用地①，厦门基准地价也做了调整。

此前厦门工业地价已有10年未加调整。随着工业用地越来越奇

---

① 其中厦门岛内21个片区、海沧7个片区、集美8个片区、同安7个片区、翔安7个片区。在土地用途调整方面，由原来9类变成了8类用地，将"大型演艺娱乐用地"并入经营性公用设施产业用地中。调整后，厦门的土地用途分类为商业用地、住宅用地、办公用地、旅馆用地、营利性医疗教育用地、经营性公用设施产业用地、软件及研发用地、工业用地等8类用地。

货可居，拆迁成本及政府储备成本也不断上升，2016 年这次工业地价有了较大幅度提高，其中土地使用年限 50 年的工业用地：思明、湖里由 700 元/平方米调整到 1000 元/平方米，涨幅达到 42.9%；海沧、集美由 480 元/平方米调整到 550 元/平方米，涨幅 14.6%；同安、翔安由 288 元/平方米调整到 400 元/平方米，涨幅 38.9%。

商业地价变化一直不太大。但受 2016 年厦门基准地价调整影响，楼面价一下提高了两至三倍，平均楼面价达到了近 1.9 万元/平方米（见表 6）。最贵的区域为 B1（厦禾路—故宫路—新华路—镇海路—海岸线—厦禾路），即中山路周边片区，商业基准地价保持在 2 万元/平方米。

总的看来，调高厦门的基准地价，对企业用地成本有着较大的影响。

表 6　近五年厦门商住土地供应及价格情况（2012～2016 年）

年份	地块宗数（宗）	土地面积（万平方米）	规划建筑面积（万平方米）	土地出让金（亿元）	楼面价（元/平方米）
2012	69	235.0	649.0	160.0	2465
2013	48	151.0	386.0	265.8	6886
2014	24	104.9	222.3	172.5	7762
2015	41	184.7	602.4	300.0	4980
2016	35	134.9	273.2	518.9	18993

资料来源：《厦门房地产市场》各期。

2016 年新规中，住宅用地价格做了较大幅度的调整，其中集美区调价幅度达到 75%。从近期居住楼面地价看，在 40 个大中城市中，厦门以 2.78 万元/平方米的楼面地价高居第 2 位，仅次于杭州（见表 7），相对于土地出让价格，平均溢价率达到 50%，排第 7 位。这两项指标均超过了北、上、广、深四个一线城市。

表 7　40 个大中城市中居住楼面地价最高的 10 个城市（2016 年 12 月）

类别	土地出让金 （亿元）	楼面地价 （元/平方米）	平均溢价率 （%）	流标率 （%）	底价成交率 （%）
总计	1293.19	6521	29	36	44
一线城市	138.35	6566	6	36	81
二线城市	1023.51	9358	47	34	40
三线城市	129.99	2197	3	32	40
杭州	151.07	35285	54	0	0
厦门	202.76	27832	50	0	0
苏州	156.19	18915	48	0	0
北京	69.67	17058	18	0	50
深圳	29.60	12706	31	33	0
合肥	108.95	11554	226	14	0
天津	15.50	11085	11	75	0
佛山	42.74	9854	274	67	0
南京	55.26	9342	64	0	29
无锡	31.80	7584	14	0	0

注：40 个大中城市的划分标准如下：一线城市为北京、上海、广州、深圳；二线城市为天津、重庆、成都、杭州、南京、武汉、大连、无锡、宁波、苏州、厦门、长春、济南、南昌、合肥、福州、长沙、昆明、中山、东莞、佛山、西安；三、四线城市为温州、石家庄、贵阳、南宁、海口、扬州、惠州、泉州、常州、洛阳、唐山、安庆、泸州、襄阳。

资料来源：中原集团研究中心，http://ccpr.centaline.com.cn/c2020.htm? t = 151212。

在厦门调研中，听到最多的是对高房价的抱怨和担心。据立丹行统计：2016 年厦门房价与地价比为 0.86，在海西主要城市中，高居第二位。另据厦门 2016 年统计公报，在福州、厦门和泉州三市中，厦门 2016 年月度房价增速遥遥领先，7 月后房价增速都在 40% 以上（见图 2）。经过连续 17 个月的持续上涨，厦门最新的二手房均价在 2017 年初已经飙涨至 41591 元/平方米，房价直逼一线的深圳，岛内价格更是已超越深圳。厦门岛内五缘湾的145平方米的房子，目前市场要价1100万元，但出租5000元可能都租不出去，售租比超过2200倍（买房出租需要近200年才能收回本金）。

厦门近年房价高涨，带来了诸多负面影响。与实体经济衰弱形成鲜明对比的是房地产开发企业获取了高额利润，导致资源配置扭曲，实业投资不足，生产和生活成本压力倍增。

首先是收入效应。高涨的房价成为民间财富配置的"变压器"，实业利润和居民收入都有如杯水车薪。不少上市公司的利润都不如一间公寓的价格。农民工、城市低收入阶层以及刚就业的大学生，在这轮财富暴涨中几无所得，尤其是80后、90后一代，不得不将未来的二十年，乃至三十年生命"透支"于一套房子。

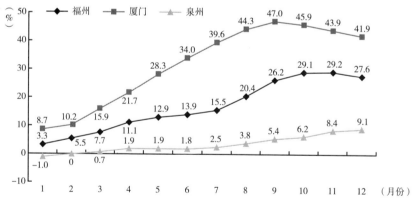

图2　2016年福州、厦门和泉州三市的月度房价增速

资料来源：《2016年福建省国民经济和社会发展统计公报》。

其次是替代效应。从2016年社会消费品零售总额没有达到政府年初两会《政府工作报告》提出的预期目标可知，高房价极大地制约了厦门的居民消费。居民消费需求虚弱，又导致销售商品或者提供服务的相关行业的就业直接减少。如果居民消费支出持续减少，长期会产生连锁反应，产业萎缩，转型升级困难，企业投资减少，员工裁减，就业岗位减少。

最后还有排挤效应。房价（或房租）作为重要的生产成本之一，对投资和消费的影响也会直接或间接地影响到城市的产业发展。厦门高房价排挤产业向外转移，不少知名大企业迁出或部分业务迁移。2016 年厦门年轻人口净增加率为 - 19.2%，年轻人因难以立足而开始外流，也都是对这种高涨的地租、房屋租金和生活成本的无奈选择。

5. 税费负担

我国 1994 年分税制后，税收是以工业部门的流转税为基础的，支出的 40% 以上集中在生产支出上，21 世纪以来城市化快速推进，财政收入占 GDP 的比重从 10.8% 快速提升到了 2008 年的 20.4%，几乎每年提高 1 个百分点，从低税负上升到了国际平均水平。地方政府除了税收外，土地出让金是其财政运行的另一大收入来源。尽管政府收入增长如此之快，但教育、医疗、社会保障和行政管理费支出增长更快。当前社会福利支出的比重处在很低的 32% 的水平，2010 年全国社保、医疗覆盖面加大，城市化率的提高和人口的市民化加快，必然要更大幅度地增加福利支出规模，不改变现有的财政收支流程，是很难维持现有的收支体系的。2016 年企业"死亡税负"的讨论引发了社会的广泛关注，曹德旺在美国投资 10 亿美元办厂更是引起轩然大波。

为了了解厦门市的宏观总税负水平，我们基于历年《厦门经济特区年鉴》、厦门两会报告、统计公报等公开资料，进行了细致计算，得到表 8。

表 8　厦门市各口径的宏观税负

单位：亿元，万人

序号	类别	2007 年	2008 年	2009 年	2010 年	2011 年	2012 年	2013 年	2014 年	2015 年	2016 年
①	公共财政预算总收入（=②+③+④）	348.4	410.1	451.4	526.0	651.6	739.5	825.09	909.1	1006.0	1083.3
②	上划中央税收	161.9	189.9	210.8	236.8	281.1	316.6	334.5	365.3	409.4	435.4
③	税收收入	167.1	193.0	204.4	239.7	314.8	362.6	421.7	469.2	481.7	527.9
④	非税收入	19.4	27.2	36.2	49.5	55.9	60.3	68.9	74.6	114.9	120.0
⑤	财政收入（=③+④）	186.5	220.2	240.6	289.2	370.8	422.9	490.6	543.8	596.6	647.9
⑥	国有资本经营收入	—	—	—	—	9.7	9.4	10.0	12.4	15.0	16.7
⑦	政府性基金收入	275.2	93.4	156.3	312.8	265.4	209.6	266.8	373.5	360.2	464.1
⑧	社保基金收入	51.37	67.7	76.11	94.1	129.8	160.5	204.2	234.1	256.5	273.6
⑨	政府收入（=⑤+⑥+⑦+⑧）	513.1	381.4	473.0	696.0	775.6	802.3	971.5	1163.8	1228.3	1402.3
⑩	上级补助	37.9	43.6	51.5	57.1	64.9	72.2	73.3	75.9	105	110
⑪	上解上级	23.9	25.8	31.8	35.4	39.7	44.1	46.8	70.7	74.1	80
⑫	上级净补助（=⑩-⑪）	13.98	17.73	19.73	21.69	25.18	28.09	26.51	5.2	30.9	30
⑬	居民总负担（=⑨+②-⑫）	661.0	553.5	664.1	911.2	1031.5	1090.8	1279.5	1523.9	1606.8	1807.7

续表

序号	类别	2007 年	2008 年	2009 年	2010 年	2011 年	2012 年	2013 年	2014 年	2015 年	2016 年
⑭	其中:总负担对上级政府	147.9	172.2	191.1	215.2	255.9	288.5	308.0	360.1	378.5	405.4
	GDP	1387.9	1560.0	1737.2	2060.1	2539.3	2817.1	3018.2	3273.6	3466.0	3784.3
	历年常住人口	304	326	330	356	361	367	373	381	386	392
	窄口径 1:税收收入/GDP	0.12	0.12	0.12	0.12	0.12	0.13	0.14	0.14	0.14	0.14
	窄口径 2:税收收入(含社保)/GDP	0.16	0.17	0.16	0.16	0.18	0.19	0.21	0.21	0.21	0.21
	宽口径:财政收入/GDP	0.13	0.14	0.14	0.14	0.15	0.15	0.16	0.17	0.17	0.17
	大口径:政府收入/GDP	0.37	0.24	0.27	0.34	0.31	0.28	0.32	0.36	0.35	0.37
	全口径:居民总负担/GDP	0.48	0.35	0.38	0.44	0.41	0.39	0.42	0.47	0.46	0.48
	其中:对上级政府负担/GDP	0.11	0.11	0.11	0.10	0.10	0.10	0.10	0.11	0.11	0.11

注:①"国有资本经营收入"2007~2010 年对应表格项空缺,表明未获得数据;②未获得 2016 年度的上级补助和上解上级两项数据,这里为作者估算数。

资料来源:根据历年《厦门经济特区年鉴》、厦门两会报告、统计公报等公开资料测算。

这里，我们计算了窄口径、宽口径、大口径、全口径的厦门宏观税负，分别对应税收收入、财政收入（税收收入＋非税收入①）、政府收入（财政收入＋国有资本经营收入＋政府性基金收入＋社保基金收入）、居民总负担（政府收入＋上划中央税收－上级净补助）。并根据历年 GDP，得到相应口径的宏观税负率。结果是：近四年来"窄口径"税负率（税收收入/GDP）都稳定在 14%；"宽口径"税负率（财政收入/GDP）为 17%；"大口径"税负率（政府收入/GDP）近五年来分别为 28%、32%、36%、35%、37%，稍有波动，或与土地出让金的变动有关。另外，还考虑了对中央税收贡献的近五年厦门"全口径"税负率（居民总负担/GDP）分别为 39%、42%、47%、46%、48%，大体上显现上升态势。其中，近年厦门市对省、中央的净税负贡献，约占厦门 GDP 的 11%。

如果再考虑常住人口数，可以计算得出各口径的当期人均税负（见表 9）。为简化起见，这里不一一细说，仅比较人均可支配收入、人均税负总负担之间的大致关系。2007～2016 年，厦门市人均可支配收入与人均总税负贡献都翻了一番。而从两者的比例看，在国际金融危机前为 1，人均可支配收入、人均税负总负担大致相当。其后受危机影响，人均税负总负担相对增长较慢，2008 年为人均可支配收入的 71%，之后随着经济回升，也逐步增加，近年恢复至两者 1∶1 关系。从绝对数量看，以 2016 年为例，当年每位厦门居民的人均可支配收入为 46254 元，承担的总税负为 46116 元（其中对厦门政府贡献的税负为 35774 元，对省、中央政府贡献的

① 非经特殊说明，本报告的非税收入，对应于表 8 中第④项非税收入，主要指计入一般预算的行政性收费等，不包括国有资本经营收入、政府基金收入及社保基金收入等三大项。

税负为 10342 元）。概而言之，无论从绝对数量还是相对比例看，厦门宏观总税负都相当高，其宏观总税负率接近 50%（2016 年为 48%）。

表 9　厦门市各口径的人均税负

单位：元

类别	2007年	2008年	2009年	2010年	2011年	2012年	2013年	2014年	2015年	2016年
人均 GDP	45653	47853	52643	57867	70341	76759	80916	85921	89793	96537
人均税收	5497	5921	6193	6733	8722	9881	11305	12315	12479	13468
人均非税	639	835	1097	1390	1549	1642	1848	1958	2977	3061
人均财政负担	6136	6756	7290	8123	10271	11523	13153	14273	15456	16529
人均本级政府负担	16878	11698	14334	19551	21486	21862	26046	30545	31821	35774
人均上级政府负担	4866	5281	5791	6044	7088	7860	8257	9452	9806	10342
人均总负担	21744	16980	20125	25595	28574	29722	34303	39997	41627	46116
人均可支配收入	21503	23948	26131	29253	33565	37576	41360	39625	42607	46254
税负总负担/可支配收入	1.01	0.71	0.77	0.87	0.85	0.79	0.83	1.01	0.98	1.00

资料来源：根据历年《厦门经济特区年鉴》、厦门两会报告、统计公报等公开资料测算。

在同厦门企业与相关政府部门座谈调研中，我们了解到税费负担方面存在的一些问题。

一是税费多，增加了企业负担。在厦门市"降成本、优环境"专项行动前，小企业需要缴纳十多种税项，面向中小企业的行政收费项目多达 69 个大类。税费繁多不仅给企业带来显性支出，而且增加了制度性交易成本，给企业带来相当大的隐性负担。因此需要减负。经过近年全国性的简政降费减负、放管服改革，截至 2017 年 4 月各项涉企行政性收费已减至 39 项（其中国定 33 项，省定 6 项），全国政府性基金减至 21 项。厦门市根据国定、省定目录，由厦门市市属和区属单位征收的涉企行政事业性收费为 18 项①，其中不动产登记费、渔业资源增殖保护费、防空地下室易地建设费等三项对小型微型企业免予征收。厦门两年来的工作成效明显，但还有一定的降费减负空间。而进一步的减税、全国性的国定收费和政府性基金则仍需要国家政策支持。

二是总体税负较重。若不考虑非税收入、政府基金收入等，仅就纯税收而言，厦门经济特区的实际税率似乎并不高。基于我们前述的数据分析，以企业总应交税金（营业税及附加、增值税及所得税三项合计）与营业收入之比得到第二、第三产业企业的微观名义税率为 3.4%，其中工业企业为 4.4%，建筑企业为 3.7%，重点服务业为 2.9%。而房地产企业高达 17.6%，一方面是政府税收的重要来源，另一方面却以高房价等形式转嫁给企业和消费者，居民生活压力又逼迫企业提高薪金待遇，使企业利润受挤。问题症结更主要来自广义非税部分。前面计算的结果是厦门市全口径的宏观税负率接近 50%，相当高，其主要组成部分为：税收 14%，收费 3%，政府基金收入（主要为土地出让金）13%，社保 7%，上交中央 11%。若剔除上交中央及社保收入两项，则广义非税部分（费 + 政府基金收入）占厦门市政府收入的 53%。这些非税负担隐含在企业的成本费用中，极大地降低了厦门企业的竞争力。

三是财政补助政策难以兑现。根据调研中了解到的情况，税务

---

① 不包括中央和福建省驻厦门单位征收的涉企行政事业性收费项目。

部门对税收优惠政策是执行到位的，政策实际受惠面为100%。而财政补助方面，部分扶持政策兑现存在难度。由于政策宣导不够，审批流程较为烦琐、认定条件较多等原因，相当一部分企业没有办法享受扶持政策。财政补贴目前主要针对厦门市公交等公用事业，其他领域基本无补贴。

6. 讨论：厦门是否已面临"成本病"问题？

自工业革命以来，大量工业制造活动中劳动节约型生产的规模空前扩大，出现了马克思所说的"机器排挤工人"现象，即使生产者的收入仍保持增长，但由于劳动生产率的不断提高，商品生产成本还是普遍降低了。但在服务业领域，自动化并不能实现对劳动的完全替代，劳动节约型生产的扩展效率远低于经济的平均发展水平，因此，服务业劳动成本增速会远高于通胀率。针对这一现象，1966年威廉·鲍恩（William Bowen）和威廉·鲍默尔（William Baumol）首次提出了"成本持续上涨的"表演艺术"成本病"论断，并在次年《非平衡增长的宏观经济学：城市病的剖析》一文中提出了正式的两部门模型来进行理论演绎[1]。在现代经济中，生产率的不同增速使经济生产被分成两个门类，即生产率"停滞部门"和生产率"进步部门"。相对于生产率"进步部门"，购买"停滞部门"所提供商品和服务的费用将越来越高。大学学费和医疗费用的快速增长便是例证。这一鲍默尔"成本病"在一系列后续论文中也被称为"服务业之谜"[2]，涵盖了几个经验事实：①相

---

[1] Baumol, W. J., "Macroeconomics of Unbalanced Growth: the Anatomy of Urban Crisis", *American Economic Review* 57, 1967.

[2] 威廉·鲍默尔（Baumol, W. J.）：《服务业之谜：激增的成本与持续的需求》，载腾·拉加与罗纳德·谢科特主编《服务业的增长》，李勇坚译，格致出版社，2012。

对于商品，服务业成本（与价格）相对更快增长；②服务品的消费支出及比重持续上升；③服务业的全部产出的实际供给在国民产出中的份额大致不变。

　　具体到厦门，情况又如何？一篇专题论文结合厦门经济表现检验了这一假说，得出了厦门初现鲍默尔"成本病"的论断。在过去12年，福建厦门服务业的劳动生产率增长存在一定的滞后性，对服务的需求缺乏价格弹性，单位产出劳动成本也呈上升趋势[①]。

　　本课题针对厦门创新效率分析的分报告（见分报告5），在一定程度上证实了厦门存在服务业较低的劳动生产率及其缓慢增长甚至停滞的判断。厦门制造业除个别行业，如专用设备制造业和化学纤维制造业，生产效率在2009年前后有较明显的下降外，其他各行业生产效率均表现为整体上升趋势。进一步对服务业进行测算，发现服务业各行业生产效率变动差异较大，传统服务业如批发和零售业、住宿和餐饮业等，在2008年之后表现出显著的效率下滑；而与整个社会创新和效率驱动密切相关的现代服务业或知识密集型服务业的生产效率变动差异较大。信息传输、软件和信息技术服务业整体效率下降趋势明显；其他各行业，如科学研究和技术服务业、金融业、教育以及文化、体育和娱乐业等则多表现为近几年生产效率的明显下滑。交通运输、仓储和邮政业表现出较明显的生产效率提升特征（个中原因很可能是这些领域管制放松、竞争加剧的结果）；更为严重的是，与北京、上海、广州、深圳、天津等五大国内发达城市相比，2008～2009年厦门市创新效率排名尚属领先，但之后整体呈恶化趋势，2011～2013年排名垫底，之后情况

---

　　①　曹勤：《福建厦门服务业"成本病"分析》，《中国市场》2014年第27期。

又稍有所改观，2015 年厦门市创新效率在六大城市中仍只排名第五。

厦门初现"成本病"部分特征的后果不可小视。其一，它会对服务业自身的发展带来消极影响，即导致服务质量的下降和服务提供的家庭化与非市场化。其二，在一个可流动的劳动力市场条件下，服务业部门的成本过快上升会引发全社会的成本及价格上涨。其三，服务业的"成本病"问题会给政府带来严重的财政困难。尤其当人们无法完全负担得起高昂的服务品费用，比如面对"买房难""看病难""上学难""养老难"等"四大难"问题时，政府出于社会稳定的需要最终将不得不提供财政援助。这种福利刚性的"倒逼机制"会锁定宏观政策的扩张和收缩，迫使中国经济增长一直沿着不可持续的扩张道路发展①。厦门"成本病"既与经济发展的一般规律有关，更是治理扭曲（管制、干预等）带来的资源错配的"成本病"，因此寻找厦门企业成本快速上升的政治经济根源，以便采取相关的政策来解决这一问题，已经是非常必要的了。

三　企业成本快速上升的经济逻辑和制度根源

2014 年 8 月，美国波士顿咨询公司（BCG）研究了 2004 ~ 2014 年全球前 25 位工业制成品出口经济体工资增长率、劳动生产率、汇率和能源成本四个方面的成本变动。以美国为基准，计算得出各个经济体相对美国的整体制造业成本竞争力。中国的制造业成

---

① 张平：《"倒逼机制"、增长波动和政策选择》，《经济学动态》2008 年第 11 期。

本指数已从 2004 年的 86 上升至 2014 年的 96，意味着中国的制造业成本已接近美国。不论此篇报告的科学性如何，中国制造业乃至全社会的成本上升是一个不争的事实。中国中小企业发展促进中心《2015 年全国企业负担调查评价报告》也揭示，79% 的企业反映"人工成本快速攀升"，66% 的企业反映"融资成本高"，反映"生产要素价格上涨""税费负担重""市场增长乏力""招工难"的企业比例分别达到 54%、52%、49% 和 43%。可见厦门所遭遇的成本快速上升问题甚至"成本病"，已经不是个案，事实上已经成为整个中国经济的一个常态。剖析其经济机制与制度根源如下。

1. 高价城市化中的成本释放及约束趋紧

随着 21 世纪以来我国经济结构的转变，城市化和国际化在我国经济发展中的主导力上升。全社会的价值流开始转向，从传统赶超时期"全民补贴"的工业化商品价值向与城市化相关的资产价值转移。与国际收支双顺差相关联的货币扩张，有相当大的规模投向了与土地和城市化有关的公共基础设施和大型基建项目，房地产市场、城市化基础设施和金融市场随之加速发展。与干预下的低价工业化不同，城市化是相对高价的[①]。工业化赶超体制下，中国第三产业的很多部门长期处于"价格压抑"下，在严格审批的规划体系中是属于不可交易的、受管制的，其价格很难反映供求关系，而成为国家调控价格的重要手段，如水、能源价格都是如此。伴随城市化的逐步升级，要素成本重估及其紧约束逐步显现，体现在：第一，对之前"无价"或低价的工业用地进行价值重估；第二，

---

① 中国社会科学院经济增长前沿课题组：《经济增长、结构调整的累积效应与资本形成：当前经济增长态势分析》，《经济研究》2003 年第 8 期。

能源、水等资源价格扭曲的纠正；第三，金融资源逐步按市场定价；第四，城市化中的城市运营管理要求提高，导致税收负担不断提高；第五，劳保、最低工资、社会保障等社会福利要求提升；第六，排污成本不断增加，环保约束趋紧。

最大的制度转变，来自土地从无价到有价再到高价。从 1992 年开始尝试定价就引发了第一轮土地泡沫。到 21 世纪随着城市化的发展，土地才开始进入真实的资产定价过程，但这种再定价是在政府的直接干预下展开的，土地成为地方政府的最主要收入来源，政府直接推动了土地价格的上涨，并在一定程度上默认了房价的高涨，加上地产投机、官商合谋及大地产商的土地囤积行为，这一机制配合着低利率和人民币升值就更有了土地和房地产价格"加速"膨胀的条件[1]。服务业潜在的价格上涨不仅受到工资成本推动，更受到土地使用等资产价格上升的成本推动，这是社会成本上涨的一大推动力。

2. 汇率升值的价格冲击、传递及不对称效应

在中国城市化和国际化加速发展的过程中，要素成本释放还伴随着 2005 年之后的汇率升值（作为大国还必须承担国际价格的冲击，如 2008 年之前的国际原材料价格暴涨及之后的暴跌）。从 2005 年 7 月到 2015 年 7 月的十年汇率机制改革，人民币实际有效汇率累计攀升了 57%，实际有效名义汇率升值 48%；人民币对美元市场汇率升值 26%，对欧元升值 33%，对日元升值 34%，对大部分新兴经济体的升值幅度更惊人（如 2007 年以来人民币对南非

---

[1]　张平、王宏淼：《"双膨胀"的挑战与宏观政策选择》，《经济学动态》2007 年第 12 期。经济增长前沿课题组的另一篇论文《城市化、财政扩张与经济增长》（《经济研究》2011 年第 11 期）更进一步分析了土地财政与城市化等相关机理。

的货币升值高达 123%）①。在 2015 年 8 月新汇改前的 1 年半，BIS 统计的人民币实际有效汇率升值达 17%。这一重大价格冲击，首先，直接影响到出口品价格，相应地抬高了可贸易工业部门的出口成本。在大量出口以美元为计价单位的情况下，汇率升值引发的"价格－成本效应"大大削弱了贸易大国的低成本比较优势。

其次，汇率升值带来的影响，还体现在可贸易部门向不可贸易部门的"巴拉萨－萨缪尔逊型工资传递效应"②，以及更广泛的"成本传递效应"。在流动的城镇劳动力市场条件下，出口部门的工资上涨会引起其他就业部门的工资趋同，制造业和服务业的成本都开始上升了。农业部门的成本也不断提高，导致一些农产品价格走高。与传统"二元结构"条件下农村剩余劳动力过多时农村劳动力成本按农村基本生存水平投入③的情况不同，可贸易工业部门或城市部门工资提高对农业部门的工资传递效应非常明显，特别是农民工最低工资制和社保的要求，其成本已经和农村生活费无关了，农民的劳动力投入成本正在逐步向城市打工的基本工资靠拢，这对农产品的成本和价格上涨有明显的推动效应。而农产品的成本上升又会反过来引发城市生活成本上涨。

---

① 2007 年以来，人民币对南非兰特升值 123%、对印尼卢比升值 85%、对墨西哥比索升值 85%、对印度卢比升值 80%、对越南盾升值 70%、对韩元升值 56%。2014 年 1 月以来人民币对日元升值 48%、对印尼卢比升值 40%、对马来西亚林吉特和墨西哥比索升值 25%、对欧元升值 20%，另外，对韩元和泰铢也分别小幅升值 7% 和 13%。

② Balassa B.，"The Purchasing Power Parity Doctrine: a Reappraisal"，*Journal of Political Economy 72*（6），1964；Samuelson P. A.，"Theoretical Notes On Trade Problems"，*Review of Economics and Statistics 46*，1964.

③ Lewis A.，"Economic Development with Unlimited Supplies of Labor"，*Manchester School of Economics and Social Studies 22*，1954.

最后，汇率升值给不同产业所带来的冲击效应却是不对称的[①]。根据国际经济学理论，实际汇率升值一般会给可贸易部门带来需求收缩效应，而服务业部门出现扩张。第一，工业出口产品因汇率升值而变得更贵，减少了外国对本国工业产品的需求。第二，汇率升值带来了收入效应，使出国消费、对外投资或者加大进口更为有利，从而对本国产品起到替代效应。这种非对称影响，使本国贸易品的供需关系发生失衡，产能过剩问题更为突出，要素向不可贸易部门转移，不可贸易部门出现扩张。中国近年来服务业就业增长较快，而工业部门萎缩，与此机制有很大关系。

3. 人口转变的重大影响

人口转变是一个多维的动态历史过程，是一系列特定人口指标转变的集合。对于长期经济增长而言，人的因素几乎是决定性的。在传统社会及计划经济时代，中国曾较长时期陷入"越穷越生、越生越穷"的"高生育水平下的人口陷阱"。在改革开放条件下中国经济的高增长与人口红利密不可分。直接的人口红利，来自计划生育控制下的生育率下降，需要抚养的儿童占人口比例下降，劳动人口比重上升，即使劳动生产率不变，按总人口计算的人均产出增加，对经济增长形成了正向效应。间接的人口红利，是因为抚养比下降，家庭储蓄上升，相应增加了能够用于固定资产投资以及教育投资的资金来源，从而导致劳动生产率的提高。直接与间接的人口红利，再配合人口流动管制的放开，几乎无限供给的劳动力流向城市部门，中国经济高增长就有了一个必要的

---

① 王宏淼：《从升值到贬值：人民币汇率的调整逻辑与政策挑战》，《国际经济合作》2016年第 9 期。

要素条件。

但近年的人口转变，对经济社会带来了新的重大影响，表现在以下几方面。

一是从民工潮到民工荒。劳动力供给的基础是适龄劳动人口。随着中国人口转变早已进入低生育阶段，农村劳动年龄人口的增长趋缓，外出农民工的数量在 2008 年金融危机之前已处于逐年减少的态势，农业剩余劳动力已被城镇部门几乎吸纳殆尽，2015 年农村向外转移的劳动年龄人口数量不足以补偿城市的需要量。另外，随着城市化的扩张，城市经济尤其是新兴服务业创造出新的就业需求，就业总量继续增长。不断出现的劳动力结构性短缺，预示着劳动力无限供给特征的消失，或谓一个经济发展的重要转折点——"刘易斯拐点"已经来临。劳动力供需的深刻变化，无疑是城市工资水平上涨的一大原因。

二是从人口红利到人口负担。随着低生育水平的持续稳定和人口老龄化的快速发展，中国 2013 年总负担系数达 38% 最低值拐点后，老年人口负担上升幅度开始大于少儿人口负担下降幅度，总负担呈现上升趋势，劳动产出及收入减少，而相应的医疗、养老等社会成本增加，影响到家庭收支及财政收支结构，以及经济社会发展速度。据调查数据推算，厦门 2016 年全市常住人口总抚养比为 31.3%，其中少儿抚养比为 23.2%，老人抚养比为 8.1%，分别比上年提高 2.3 个、1.9 个和 0.4 个百分点，抚养比逐年提高。虽然厦门仍然处于劳动力供给充足、人口社会负担较轻的"人口红利"时期，但随着近年来人口抚养比逐年提高，劳动力资源供给呈现减少趋势，加上目前老龄化进程加快，将对厦门未来经济发展带来一定影响。

三是从低素质走向高素质。人口转变的另一特征是实现人口质量对人口数量的替代。改革开放以来，中国国民的总体身体素质和文化素质提高速度都相对较快，在卫生医疗条件改善，以及减贫和消除文盲方面所取得的成就在世界上都是极为突出的。而经济和社会的开放，电视、互联网及智能手机等新媒体的普及，大大降低了人们主动或被动学习的门槛，对于国民科学文化知识的提升所起的作用是无形的且难以估量。随着九年义务教育的普及，原来以初中毕业生为主的农民工正在逐渐减少，接受过高中阶段教育的农民工数量逐渐增加，21 世纪以来的大学扩招也使大学生数量迅速增加，这些都增强了不同就业人口在劳动力市场上的议价能力，其对就业条件和劳动收入的要求都在提高。那种将低端、低价劳动力视为比较优势的时代已经一去不复返了。

4. 政府扩张的瓦格纳法则

19 世纪 80 年代德国著名经济学家瓦格纳基于欧洲国家和美国、日本等国公共支出的资料分析，得出了著名的政府活动扩张规律：当国民收入增长时，财政支出会以更大比例增长。后人称为"瓦格纳法则"。导致政府支出增长的原因有政治因素、经济因素两大方面。随着经济的工业化，市场中的当事人之间关系也愈加复杂，由此引起对商业法律和契约的需要，要求建立司法组织，这样就需要增加政府公共支出，把更多的资源用于治安和法律设施建设，这是政治因素。经济因素是指工业发展带来人口居住密集化，由此将产生"外部拥挤性"等问题，需要增加公共部门进行管理。由于公共服务的需求收入弹性较高，随着实际收入的上涨，这些项目的公共支出的增长将会快于 GDP 的增长。瓦格纳的公共支出理论亦为许多国家的经济发展资料所证实。

近年来，许多国家的行政成本都以几何级数递增，中国行政成本的规模及其增长速度尤为突出，绝大部分省份的行政成本增长率都高于同期的财政支出增长率及地区生产总值增长率，充分说明我国政府行政成本的膨胀速度是非常惊人的。以致有人称中国为"世界上行政成本最高的国家"，并有相应的财政供养比测算。伴随政府机构膨胀的显性行政成本上升，以及行政效率低下、决策失误、腐败，最终必将由企业和纳税人负担，成为社会成本上升的重要来源。

5. 中国特殊的制度结构

类似厦门经济发展中所显现的成本快速上升，尤其是服务业成本激增同时伴随着服务需求上升但效率低下等问题，还与中国经济赶超时期政府干预的路径依赖及市场化改革停滞有关。这固然与经济发展阶段密不可分，但亦与中国特殊的经济和制度结构有很大关系。长期以来，与工业部门相对较高的市场化竞争不同，中国服务业仍有大量领域受到不同程度的管制（或者说改革还未全面进入这些领域），由大量垄断企业或政府支持部门把持，因而产生了中国经济"总供给向第二产业倾斜"与"总需求向第三产业倾斜"的矛盾①：①总供给由第二产业主导，其显著特征是工业产能过剩（及较大幅度的贸易顺差）；②服务业产能严重短缺，尤其是中高端服务业价格高昂，其供给水平远远不能满足人们的发展与享受型需求，也滞后于工业品质量提高、生产效率提升相关的生产型服务业增长需求。造成这一问题的根本原因，是管制下的歧视性政策和

---

① 王宏淼：《中国经济未来还能高增长吗?》，《中国社会科学院要报－领导参阅》2011 年第 13 期。

垄断，由此带来了过高的制度成本和交易费用，使服务业的许多领域无法得到有序而充分的发展，以致服务业成本高企，供给不够，创新不足。

我们所在的经济增长前沿课题组的早期研究对此体制有深入的分析①。传统赶超模式主要体现在"纵向"或自上而下的政府干预资源配置上，包括：①政府依据纵向一体化生产安排的生产组织体制，以职能部门为主导，纵向分割了市场的资源配置功能。比如，单从名字上就可以看出各个开发区的隶属关系：高科技开发区隶属科技部、商务区隶属商务部，诸如此类。横向的协作被切割，大量的政府审批服务于这种纵向体制分割，市场竞争和资源的横向流动被严重抑制；②政府运用各类宏观政策对规模企业进行扶植——主要是产业与贸易政策、财政补贴以及所谓"选择性融资"，通过人为设定制度门槛和政策补贴，扶持政府认定的主导产业和企业；③政府为了工业化发展，仅仅把服务业看作工业分工的简单结果，不惜通过补贴来降低公共服务设施使用成本，廉价甚至免费提供给某些工业部门；④经济赶超过程中的技术进步，仅靠引进设备来实现"干中学"，而不是依靠本土自主研发和通过"教育与科学"实现知识创新。科教文卫体、大量公共服务部门、行业协会等都属于事业单位，不纳入市场，不作为创新要素加入生产体系中去，这样的"纵向"资源分割配置格局，是赶超期间政府干预型体制的典型制度特征。

在中国特殊的生产组织模式下，增长与效率被置于分割的制度

---

① 中国社会科学院经济增长前沿课题组：《中国经济增长的低效率冲击与减速治理》，《经济研究》2014 年 12 期。

结构下：第一类是市场竞争部门，主要以生产性的中小企业形式存在；第二类是政府支持的部门，即政府产业政策和金融政策支持易于产生规模的部门；第三类是政府管制和补贴的部门，这些部门往往有着自然垄断性质，以提供社会化的普遍服务为宗旨，并具有准事业单位的性质，如公共基础设施服务，普遍化的教育与医疗等；第四类是事业单位，作为非市场化的参与主体，主要表现为社会服务体系中的"科教文卫体"部门，其性质是纯粹财政拨款，且在财政拨款不足时可从市场部门获取收益。尽管作为事业单位存在，但这类部门汇聚了国家创新的全部要素——科研、人力资本、文化等。

上述主体因其性质不同，目标也不相同。市场化部门的目标注重盈利，政策支持部门注重规模，准事业单位注重获取补贴，事业单位目标集中于成本最大化。正是由于非市场部门的广泛存在，导致管制、垄断与补贴所带来的租金高企，经济创新和内生增长动力缺失。而政策支持和政府管制的国企、事业、准事业单位以其高收入、高福利，成为人才集中地，但其低效率又导致人力资本的浪费问题。

而且，四类部门在动态竞争过程中的利益分配机制完全不同。政策支持的企业在经济减速过程中，可以不断提高负债率而不被市场"清洁"掉，很多"僵尸"企业由此产生；市场化程度较高的小型企业、私营部门则随时面临破产风险；财政补贴部门可以通过涨价弥补财政补贴不足，从而提高了社会的总体成本；事业单位依靠国家提高税收的方式来维持，旱涝保收，从而提高了市场的总成本，这些补贴和税收从根本上削弱了市场部门的竞争力。

专栏　关于两个异质型部门博弈可能导致成本上升、创新不足的简单理论演绎

为简明起见，将上述四类部门简化为两个部门——市场化部门和政府支持部门。后者定义为具有政府特许权，或者通过选择性金融支持或财政支持的部门（如政府企业、事业单位，甚至一定程度上包括行政机构自身），我们可以更清楚地看其内在运行机制。假定 A 是市场化企业，B 是政府支持企业。市场化，意味着 A 企业按照完全竞争的方式进行要素组织和生产，其目标函数是"利润最大化"。不完全市场化，意味着 B 企业可以获得准入特许权、市场垄断、财税减免、融资便利等，其目标函数是"租金最大化"。B 所获得的所有扶持可以由一个准财政补贴率 z（$0 < z \leqslant 1$）来涵盖，它直接影响到资本成本。假定 r 为资本成本或利率，w 为工资率，这两者构成了企业的成本。A 企业人均实物资本的边际生产力为 R，而 B 企业为 kR（$0 < k < 1$），由于 $R > kR$，市场化企业 A 的生产力要高于不完全市场化企业 B。因此如果在相同成本（$r + w$）的情况下，A 企业由于更高的净利润率（$R - r - w$）而更具有竞争力。

但现在由于 B 企业获得一个准财政补贴 z，使 B 企业所需支付的资本成本 zr 要小于 A 企业。由此，B 企业提高了政府扶持下的竞争力，从而能够生存下来。由于面对的经营环境不同，B 企业具有资本成本优势，即 $zr < r$，所以 B 企业会更倾向于使用"资本偏向型"技术，通过投入更多的资本而使自己获得增长；而 A 企业由于不具有资本成本优势，为了与获得准财政补贴的 B 企业竞争，就会倾向于使用"劳动偏向型"技术，为加大劳动要素的投入而最大限度地压低工资率，使之变为 mw，且 $mw < w$（$0 < m < 1$），

以使自己获得新的比较成本优势。

在非同质的劳动力市场上，不同素质劳动力的流向是由工资率的差异决定的。所以上述结构和技术偏向带来的后果是，由于工资率的差异，劳动力在总体意义上出现分流，政府补贴型企业 B 的总体劳动力素质要大于市场化企业 A，但 A 企业却是吸纳中低端就业的主体。

但问题不止于此。

在同质的资本市场上，A 企业具有资本成本优势（$zr < r$），也同时意味着在分割的 A、B 两部门之间存在着利差 $(1-z) r$。在资本流动和扩大生产的情况下，只要 B 企业将利差 $(1-z) r$ 以一个 A 企业可接受的协议利率 s 转借给 A 企业（为简化起见，假定 $s \leq r$），则 A、B 两企业都可获益。其后果是，B 企业获得了利息 $(1-z) sr$，其利润变为 $[kR - w - rz + (1-z) sr]$。由于创新具有不确定性和更大的风险，B 企业为达到其租金最大化的两条简便路径，一是通过游说、讨价还价甚至是要挟等方式，向政府部门"索要"或"竞争"其准财政补贴，从而保证补贴率 z 的持续实现甚至提高；二是尽可能提高利息率 s 从而提高从 A 企业获得的租金。在这一机制中要注意到，补贴 z 的获得，是实现租金 $(1-z) sr$ 的前提！

最后的两种结果，①如果 B 企业新的利润 $[kR - w - rz + (1-z) sr]$ 大于 A 企业新的利润 $[R - mw - z - (1-z) sr]$，B 企业就必然没有足够的动力来通过技术创新来提高系数 k，以缩小与市场化前沿的生产率差距。这就出现了越补贴，B 企业从租金中获益越大，足以对其创新不足进行补偿，长此以往，就造成了补贴越多、越持续，B 企业越落后、生产率越低下的坏情况；而 A 企业随着租金上涨、成本上升带来的利润率下降，在没有创新支撑以提高 R 的情况下，很可能就会出现在竞争中越来越处于弱势甚至被淘汰。因此该体系能够运转的一个重要条件是市场化部门能够持续地创新，一旦创新失败或者创新停滞，整个系统可能就会崩溃。② 当然，正向的路径是 A 企业能够稳定地创新，同时政府逐步减少对 B 企业的补贴，倒逼 B 企业提高创新率逐步向 A 企业靠拢，从而提高全社会的回报与产出。

进一步推广，上述机制中的资本可以不仅指资金，甚至包括可资本化的一切特许权力、资源及其控制权等。租金率 s 在现实中也可理解为垄断或特许部门的加成定价，甚至政府自身的强制性税率。而租金率 s 的降低、B 部门创新系数 k 向 1 的逐步收敛，即是市场化改革的基本要义。

（根据 IECASS 增长课题组论文改写）

在这一体制格局下，虽然伴生着管制下的信息、资源和机会的不均等，导致了寻租、腐败以及部门、地区和人群之间的收入差距扩大，但四类主体在高增长阶段可以相安无事。在近年经济减速过程中，低效率的非市场部门因拥有补贴或高额租金仍然可以很好地生存，经济减速后果全由市场部门来消化，这迫使人力资本进一步向无效率部门集中。这种固化的制度结构非但不利于经济减速对非效率部门的淘汰，而且原先不合理的管制成本和过多的中间环节给企业实物投资带来了过高的显性和隐性成本，在创新效率下降而得不到成本补偿的情况下，会导致全社会相对价格快速上升。破除体制障碍，改革公共部门及政策支持部门，放松服务业管制，已经是非常紧迫了。

四 降成本组合拳：厦门经验

面对严峻的成本快速上升态势，中国政府在"十三五"时期进行经济社会发展的重大战略部署，实施供给侧结构性改革，专门将"降成本"列为其中的一个重要环节，以此来积极主动地应对和破解中国经济发展过程中所面临的重大挑战。2016年8月国务院《降低实体经济企业成本工作方案的通知》提出了具体的目标任务，期望"三年左右使实体经济企业综合成本合理下降，盈利能力较为明显增强"。厦门市作为中国改革开放的前沿，其工作起步更早，在前几年就成立了减负办，一直研究探索如何降低企业和居民负担，可谓先行先试，思路明确，创新作为，成效突出。

2014年，以自贸区创设为契机，厦门市政府出台《关于加强市场环境和开放环境建设，营造一流营商环境的行动计划》，对标世界银行评估指标，提出9个方面25项任务，把"市场宽松有序，政府高效透明，设施完善便捷，要素汇聚高效，开放便利可控，社会多元包容，法治公平公正"作为厦门努力的方向。2015年制定《厦门经济特区自贸试验区条例》，推动政府治理转型，从"外向带动"向"内部激活"转变，在市场化、便利化、法治化和国际化等方面取得新突破。滚动出台清费减负政策，2016年实施35条措施，突出降低企业制度性交易成本、通关成本、财务成本、人工成本、物流成本、环保成本、用能成本等，推动建立系统性降低企业成本管控服务体系，建立常态化的降成本工作机制，提升企业、区域经济竞争力。2016年3月18日出台厦门市《"降成本·优环境"专项行动工作方案》，提出工作目标，层层分解任务。6月印发《厦门市推进供给侧结构性改革总体方案的通知》，对降成本方面存在的一些问题做了总结，提出了下一步工作思路。8月进行各部门涉企收费自查，9月启动第三方评估。实际收效很明显，2016年来的降成本、优环境工作已共计为企业减负近200亿元，企业得到了真正实惠。

观察厦门的优环境、降成本、提效率"组合拳"举措，有以下几个特点。一是优化经济治理与降成本、减负担并重，注重通过国际一流营商环境对标建设，达到纠正治理扭曲、降低制度性交易成本的目的。二是政务一体化与"互联网＋"相结合，注重通过信息化平台建设，实现政府管理透明化、规范化，提高公共服务水平，达到降低行政成本的目的。三是"消极被动型"或"成本节约型"降成本与"积极主动型"或"效率提升型"降成本并重，注重通过创新激励、效率提升来实现成本补偿，达到降低企业相对成本的目的。四是自贸区创新与城市转型升级相结合，注重通过区域要素流动与深度国际化，达到劳动分工深化、城市空间效率提升和市场扩展带动创新增长的目的。本课题报告对厦门市降成本的进程和措施进行了细致梳理，为简明起见，我们进一步将这些举措归为五大类。

1. 规范清理，降税减费

（1）台账管理，规范收费。对照中央、福建省相关规定和已发布的涉企收费目录清单，分类公布厦门市政府性基金、行政事业性收费、实行政府定价管理的经营服务性收费的目录清单，推动全市各部门和各区政府等70余家单位开展系统内全面自查工作，建立涉企收费台账。2016年4月底共汇总涉企收费项目141项，其中政府性基金18项、行政事业性收费61项、实行政府定价的经营性收费 13 项、实行市场调节价的经营性收费 24 项、其他收费（含社会保险、公共事业收费等）25 项。要求市区各执收单位须严格按照厦门市目录清单收费，非目录清单内的政府性基金和涉企行政事业性收费一律不得收取，定价目录内未经政府定价的涉企收费项目一律不得收取。并建立动态调整机制，加强事中事后监管。市财政局和发改委不定期对全市行政事业性收费、中介服务费等收费行为开展价格专项检查，甚至对违规行为开出罚单。从 2017 年 5 月最新公布的厦门市相关目录清单看，厦门市收取的政府性基金项目已减至 11 项（均为国家定项目）。

（2）执行收费基金减免政策。严格贯彻执行国家、省出台的涉企行政事业性收费和政府性基金减免政策，包括取消、暂停或免征、定向免征等。

（3）切实降费减负。调低单位职工养老保险单位缴费费率和基数下限、用人单位职工医疗保险缴费费率、失业保险费缴交费率、工伤保险费率，降低社保费用。减半征收企业上缴部分工会经费和残疾人就业保障金。例如，地税局落实减负要求，2016 年共为全市 10.8 万户企业减负各项社保费 31.72 亿元，其中养老保险 13.24 亿元，医疗保险 9.46 亿元，失业保险 6.30 亿元，工伤保险 1.62 亿元，生育保险 1.10 亿元。此外，还实现工会经费减负 2.59 亿元，残疾人就业保障金减负 1.94 亿元，帮扶企业持续发展。为切实减轻企业负担，厦门市还实施了稳岗补贴，落实国家停征部分政府性基金，降低厦门产权交易中心的部分产权交易佣金和交易鉴证费标准，免收信息发布费及公告费等政策。

（4）通过营改增为企业降税。根据厦门市国税局提供的资料，由于营改增的实施，厦门市 96.65% 以上的试点纳税人税负下降或不变。截至 2016 年 12 月，厦门市因此累计减税 108.67 亿元，其中试点行业减税 55.07 亿元（2012 年减收 1.64 亿元，2013 年减收 6.9 亿元，2014 年减收 7.96 亿元，2015 年减收 10.35 亿元，2016 年减收 28.22 亿元），原增值税一般纳税人因增加抵扣减税 53.6 亿元（2013 年抵扣 7.55 亿元，2014 年抵扣 6.3 亿元，2015 年抵扣 8.14 亿元，2016 年抵扣 31.61 亿元）。

2. 降低要素成本和流通成本

（1）减轻人力资本公共服务成本负担。免收退休人员管理活动费，免收市人才服务中心人才市场服务费，落实国家取消人才集体户口管理服务费等政策。

（2）降低融资成本。提高小微企业免抵押、免担保信用贷款风险分担比例。帮助小微企业还贷应急周转使用，无偿为企业提供过桥贷款等政策。

（3）降低用电成本。落实国家电价下调政策。对符合条件的企业实施用电增量奖励等政策。

（4）降低流通成本和企业进出口成本。开展港口等领域清费减负专项工作，提出了降低港航物流成本 5 条措施。通过一系列优化口岸通关环境举措，提高通关效率，落实和出台一系列政策，为相关企业减负提效，提升了口岸综合竞争力。2015 年 10 月 1 日起，对海关查验没有问题的进出口海运集装箱（重箱）货物（固体废物进出口货物除外），免除外贸企业在查验环节发生的吊装、移位、仓储费用。2016 年 4 月 1 日起，厦门口岸减免报关行申报环节代理报关 15 元/票的数据传输费，每年可为企业节约近 4000 万元的成本，降低了企业经营成本。2015 年 10 月 1 日至 2017 年 2 月 28 日，经与海关数据审核后统计，查验没有问题集装箱 28821

自然箱；政府承担集装箱查验费合计补贴金额 1585.898 万元，减轻了企业负担。

3. 淘汰减负，存量优化，稳妥推进企业破产重整

近年来，厦门进行产业政策引导，落实工业和信息化企业重大兼并重组项目财政专项补助，支持通过兼并重组培育优质企业，推动龙头企业、重点行业企业整合品牌资源和创新资源，促进企业做大做强做优。对 2015 年完成兼并重组项目的 7 家企业共给予补助资金 1991 万元，单个项目最高补助 1000 万元，涵盖了环保节能、电子信息、电力电气等行业企业，减轻重组企业负担。2016 年开展了全市企业兼并重组项目调查摸底，健全完善兼并重组重点项目库，搭建兼并重组企业与政府、相关服务机构之间的有效沟通平台，鼓励社会中介服务机构为企业兼并重组提供战略咨询、法规政策咨询、资产评估等全方位、多层次的综合服务。

4. 专项补贴扶持，强化创新激励

如完善研发费用加计扣除等政策，对可加计扣除研发费用高的企业予以奖励，推动企业创新来获得经济效率改进，以形成厦门新的竞争优势。地税局贯彻落实推动经济结构调整、扩大内需、支持发展实体经济等税收政策，2016 年共计减免各项税收 101.17 亿元，其中鼓励小微企业发展减免税收 1.73 亿元、改善民生减免税收 35.43 亿元、高新技术企业减免税收 3.01 亿元、支持金融资本市场减免税收 36.97 亿元、支持其他各项事业减免税收 19.64 亿元。国税局落实各类优惠政策，简化税收优惠办理流程，最大限度地方便纳税人享受税收优惠政策，2016 年实现各项减免税 114.39 亿元。其中，鼓励高新技术减免税 24.69 亿元，小微企业优惠减免税 4.55 亿元、节能环保减免税 2.77 亿元，支持文化教育体育减免税 6.87 亿

元，支持金融资本市场税收减免 35.17 亿元，享受税收协定待遇减免 4.22 亿元，支持三农税收减免 6.5 亿元。2017 年第一季度实现减免税 21.18 亿元。其中，鼓励高新技术减免税 1.08 亿元，小微企业优惠减免税 1.18 亿元，支持金融资本市场税收减免 9.03 亿元，享受税收协定待遇减免 1.92 亿元，支持三农税收减免 1.05 亿元。

5. "放管服"改革，降低制度成本，优化营商环境

（1）行政规范化和透明度改革。厦门市清理了前置审批项目及审批涉及的中介服务项目，完成相关政府部门的行政权力清单、部门责任清单、内外资负面清单、公共服务事项清单的编制工作，实现了"行政权力进清单、清单之外无权力"。公布《市级部门行政权力清单目录》，列出市级行政权力 4294 项，较之前精简 4521 项，做到政府部门"法无授权不可为"，提高公共管理水平。厦门编制完成市级部门"责任清单"，明确责任事项 6849 项，并梳理出涉及多部门监管的责任划分事项 91 项，做到政府部门"法定职责必须为"，提高公共服务水平。实施《自由贸易试验区外商投资准入特别管理措施（负面清单）》，包括 15 个门类 50 个条目，列出 122 项特别管理措施，对外商投资实施"准入前国民待遇 + 负面清单 + 备案管理"的管理模式。还率先出台《厦门市内资准入特别管理措施（负面清单）指导目录》，对 7 个行业 16 个领域列出内资准入特别管理措施的政策规定。

（2）市场准入审批和过程监管的简政放权。主要包括以下几方面。

——商事登记"一照一码"，简化注册登记手续。厦门深化商事登记制度改革，在全国率先实施"三证合一""一照一码"；实施注册资本"认缴制"；实行新设企业刻制印章备案制；并在全国首创个体工商户"口头申报、当场取照"简易登记模式。

——建设审批"减放并转调"。大幅精简建设审批环节，对前置审批和行政审批中介服务事项进行全面梳理和清理，减少 34% 审批服务环节，取消中介服务事项 40%，将 16 项审批和公共服务事项下放至各区，将 24 项公共服务事项简化为"即来即办"。

——不动产登记下放审批。减少审批环节，将房地产更正登记、国有建设用地使用权初始登记、商品房预售许可等 12 项业务的审批环节和审批权限进行调整，下放审批权限。

——外贸通关简化手续。厦门海关和检验检疫局在风险可控的条件下，降低部分外贸商品抽检比例，对诚信企业和低风险进出口货物给予快速核放、直通放行等便利措施。厦门海关下放部分"两简"案件，试点集中汇总征税，减免税审批。厦门检验检疫局将 30 项行政许可审批及业务管理权限下放分支机构，将代理报检企业由"注册"改为"备案"。

（3）政务一体化与信息化建设。以自贸区创设为契机，厦门市以信息化和互联网技术为手段，推动改革向纵深发展，提高"一站式"服务水平。33 项改革举措为全国首创[①]，收效明显，提高了行政效率。主要有以下几方面。

——"多规合一"并联审批。厦门市创新提出"一本可研、共同策划、共同审批"的前期工作推进机制，正式印发实施《厦门市建设项目生成管理办法（试行）》，建立"多规合一平台"，着眼于规划、建设、国土、消防、环保等跨部门审批业务的整体优

---

① 关于厦门自贸区的创新进展及政策评估，可参考张平、王宏淼等《厦门自贸区政策研究和评估：自贸区改革突破与"十三五"转型升级战略》，社会科学文献出版社，2016。

化，将审批流程划分为纵向五阶段和横向四主线，通过平台实行"统一收件、同时受理、并联审批、同步出件"模式，推行可研联评联审，有效避免了多部门重复评审，部门之间意见不一、扯皮打架的问题，审批效率大幅提高，实现从立项到施工许可核发办理时间压缩60%。经"多规合一"业务协同平台策划并列入市级基建项目前期工作计划的项目，原则上取消项目建议书编制和批准程序。对方案单一、规划明确的新建人行天桥、人行地下通道、一般道路等市级财政投融资项目实行可研及概算合并审批。这些举措大大提高了行政效率。

——政务中心"一口受理"。厦门市行政服务中心及其分中心汇聚了除车管、口岸联检、出入境事项外，所有市直部门和下属单位的行政审批和配套公共服务项目，共设有审批服务大厅10个、办事柜台320个、审批工作位715个。市政务中心积极推行"一个窗口受理、一站式审批、一条龙服务、一个窗口收费"的运行模式；对多部门均需要的相同申报材料，可通过市行政服务中心数据库，实现一次录入、资源共享。商事登记、建设审批、不动产登记等事项均可通过政务中心单一窗口办理。

——商事登记"一次搞定"。厦门市商事登记平台，整合了市场监督管理、质监、国地税、公安等部门，使信息互通共享，实现"一网流转、一表申报、一趟取照"，并开始试行全程电子化登记。

——国地税"一窗联办"。厦门国、地税共建2个联合实体办税厅和8个24小时联合办税区，共同进驻市、区两级8个政务中心，为纳税人提供"一窗通办"服务。

——不动产登记"一张图"。集成不动产登记数据，实现非常直观的"一张图"现代权籍管理模式。

——外贸通关"一体化关检"。实施关检"一站式"查验、关检"监管互认"等改革,推行"一次录入、分别申报;一次开箱、依法查验;关检联网、一次放行"的通关模式,为企业减少30%的重复申报项目,实现进出口货物申报时间由4小时缩短为5～10分钟,船舶检验检疫申报时间由50分钟缩短为5分钟。

——国际贸易"单一窗口"。厦门国际贸易"单一窗口"依托厦门自贸试验区电子口岸平台,整合七大服务功能,建设提供87个服务项目,成为全国首个实现与国家质检总局、海关总署数据对接的外贸平台。平台直接服务3700多家企业,间接服务1.5万家企业,日单证处理量达到3万多票,被商务部推荐为全国自贸试验区最佳实践案例。

——"互联网+政务"建设。建设"空间信息管理协同平台",实现空间信息资源共享共用,方便各部门业务协同办理。以商事主体登记及信用信息公示平台为法定载体,实现商事登记机关、行政许可机关、监管部门及有关单位的信息推送和数据共享。建成全市信用信息共享平台和"i厦门"门户网站,推动社会信用信息查询,以及守信激励、失信联合惩戒措施落实。尤其值得一提的是,厦门在全国首创税控发票网上申领系统,实现购票"零出户"、申领"零支付"、传递"零风险",为纳税人减低纳税成本1400万元。开通网上纳税申报认证业务和电子缴税系统,实现纳税申报、税费缴纳等涉税服务在线办理和三方扣款协议网上签约,推广掌上移动办税平台。厦门企业使用全税种网络申报、专票网上认证和电子纳税的比例均已超过90%。这些举措提高了行政服务效率和信息采集共享水平。

厦门市口岸办、市自贸委、厦门海关、厦门出入境检验检疫局、厦门海事局和厦门边检总站六部门发布联合公告，自 2016 年 3 月 13 日起，厦门口岸取消纸面出口岸联系单，通过跨部门的信息数据传递与共享，正式实行船舶出口岸联系单无纸化；出口船舶能缩减约 4 小时的窗口办理时间，省掉 257 页的申报单证，每年约可带来数千万元的经济效益。

2016 年，厦门海关关区通关作业无纸化率为 97.18%，较上年同期提高 3.14 个百分点，比全国平均水平高 1.56 个百分点。其中，出口无纸化比例 99%，进口无纸化比例 90.75%，各项指标均创历史新高。国家质检总局在不断加快推行报检无纸化、全面实施通关单无纸化、实行检疫审批无纸化的基础上，2016 年 10 月 1 日起全面实施口岸检疫处理监管无纸化，目录外涉及检疫货物报检无纸化，大幅提高厦门口岸检疫处理效率，促进通关便利化。截至 2016 年 12 月，已通过"口岸检疫处理管理系统"完成 65289 批口岸检疫处理。

（4）厦门市还不断完善减负互动机制。

发挥政府门户网站、中小企业在线、工业服务热线"968119"等平台作用，汇总发布涉企收费台账和减负政策，方便企业查询和精准对接。同时充实减负监督员队伍，加强与工商联及行业商会协会的联系，接受企业的政策咨询和服务投诉，畅通政企沟通渠道，整理汇总反映的问题，形成任务清单，反馈相关责任单位核实研究，持续推进降低企业成本工作。

综上所述，2014 年以来厦门市以自贸区创新为契机，以打造一流营商环境为抓手，对标国际先进国家和地区，加快转变政府职能，积极推动优环境、降成本、提效率等改革。各政府部门通过提高政务事项透明度、提供"一站式"服务、简政放权、进行电子化流程再造、清费减负等一系列创新改革举措，不断提高厦门政府管理服务的便利度和透明度，为企业营造便捷高效的办事环境。经过一年的努力，厦门市整体营商环境水平达到世界银行《2015年营商环境报告》评估标准的第49位（比2015年初上升12位），领先北京、上海41位。从营商政务环境的五个领域看，开办企业、登记财产已接近全球营商环境第1位新加坡的水平；跨境贸易、办理施工许可虽与世界先进地区存在一定差距，但优于北京、上海；纳税则由于企业的纳税准备时间较长，指标值暂时落后于北京、上海[1]。同时，厦门市在供给侧结构性改革过程中把国家"三去一降一补"各项政策落实到位，而且结合本地实际找方法、蹚路子，通过一系列的加减乘除"组合拳"，更快、更准、更有效地推进降成本，向着全国企业"经营成本最低、营商环境最优"的城市迈进。总的看来厦门降成本、优环境专项行动可谓亮点突出，卓有成效。两年累计为企业减负近200亿元；2016年工业企业主营业务税金及附加、销售费用、财务费用比上年分别下降8.2%、3.9%、20.8%，规模以上工业每百元主营业务收入成本84.5元，比上年减少0.5元；"营改增"实施范围扩大后，企业减负降税效果显著，规模以上服务业税金总额下降10.2%，规模以上服务业单位税金下降26.6%。

在此推动下，厦门经济运行平稳，主要指标增速位居全省和地级市前列，新设商事主体17.5万户，2015年、2016年分别增长11%、24%，2016年地区生产总值增长7.9%，财政总收入和

---

① 厦门市发展研究中心课题组：《厦门市营商政务环境评价及建议》，2016年6月；普华永道管理咨询（上海）有限公司：《厦门营商环境评估报告》，2016年3月。

地方财政收入分别增长 8.2%、8.6%，广大市场主体切实感受到营商环境改善提升带来的便利，社会各界对营商环境改进予以高度认同，营商环境的改善也为经济社会的持续发展提供了有力支撑。

五　降成本的政治经济学：政策讨论与建议

1. 降成本即调整生产关系

降低成本是一个全球性的话题，工业革命以来尤其如此，它是企业生存和持续经营所必须解决的重要课题。在市场经济条件下，企业经营的终极目标是利润，没有利润，企业生存就难以维系。但要得到利润，就必须有投入，而投入即成本，其范畴包括固定成本与变动成本、短期成本与长期成本、显性成本与隐性成本、会计成本与机会成本、生产成本与交易成本、个别成本与社会成本等。利润是凝结的成本，利润是果，成本是因，两者是辩证的，相互转化，也是相对的、动态的。在经济学中，成本不仅体现着生产力水平，而且隐含着生产关系。不同于斯密 - 马克思式的劳动创造剩余价值学说，古典经济学中的萨伊"三位一体公式"认为社会各阶级的收入都有自己独立的源泉，地租来源于土地投入，利息来源于资本投入，而工资则是劳动的回报（并体现为剩余价值的一部分）。到了新古典生产中的"边际生产力分配理论"或"分配净尽原理"（欧拉定理）那里，甚至假定一个标准化的完全竞争企业是没有利润的，边际收益即边际成本或要素价格，生产要素实际所得的报酬总量正好等于社会所生产的总产品，各种生产要素根据其贡献而获得相应报酬。由此，生产即分配，成本意味着利益。

现实中的生产虽然未必满足理想模型中完全竞争、规模报酬不变、产品出清等严格的假设条件，但是成本即生产关系，却是一个不争的事实。企业成本的任何变动其实不仅意味着生产方式与生产力的变化，而且意味着要素报酬分配即生产关系的调整。这也暗示了降成本具有相当的复杂性。在中国现处的发展阶段和特殊的制度结构下，由中央政府发起、地方政府跟进的降成本（以及更广泛的供给侧改革）更已不再是单个企业内部的成本控制问题，而是牵一发而动全身的社会系统工程了。

2. 地方政府降成本的约束条件与可拓展空间

仔细分析，地方政府和企业的降成本行为并不能完全自主，它要受到一定的现实约束，但也有一定的拓展空间。

（1）在税率、汇率、利率等基本价格受到严格管控的经济体制下，相关定价权并不在地方政府，也不在企业，因此其降成本的宏观政策空间受限。

税率、利率和汇率，合称"三率"，作为资源、资金和外汇的价格标记，对市场经济的调节、社会资源的配置，具有极其重要的作用。是国家对经济生活实行宏观调控的重要经济杠杆，也是微观企业决策中决不可忽视的宏观价格信号。不过，在发达的市场经济国家，除了统一税率和基本利率外，由于利率自由化和浮动汇率的施行，利率与汇率是市场竞争形成的，具有较大的弹性，企业可以据此来调整自己的行为，各地方政府经过一定的法律程序还可以自行决定某些税率。我国的国情不同于此，"三率"体现着国家意志，在相当长的时期内利率与汇率都受到国家金融管理当局（中国人民银行总行）的管控，税率则由财政部统一管理，其调整还需经历更严格的法律过程。尽管近年来中国推动利率市场化，全面放开贷款利率管制，贷款利率取消了下限管理①，金融机构与客户协商定价的空间有所扩大，有利于促进金融机构采取差异化的定价策略，进而降低企业融资成本，但是目前存款利率上限仍未放开，这意味着小微企业或个人对金融机构的定价能力依然未构成挑战，短期内金融机构也不会切实下调贷款利率（甚至反而是上调）。而在大型金融机构如四大国有银行及股份制银行的垂直管理体制下，贷款利率的决定权实质在其总行，其地方分支行只是执行者，定价空间很小。因此，现有体制下地方政府与企业、个人面对"三率"基本没有议价条件，而只能是宏观价格的被动接受者。在我们前述的赶超体制下的两部门模型结构中，市场竞争部门甚至还要面临政策补贴部门的加成资金价格，受此约束其降成本的宏观政策空间更是极为有限。

（2）在中国地方政府承担大量事权的发展阶段，通过大幅减少宏观税负来降低经济主体负担的可能性不大。

在前述实证分析中，我们细致计算了厦门市近十年来的宏观税负水平。如此相对较高的总税费负担，既是"瓦格纳扩张原则"作用的结果，更与地方政府在高速城市化的发展阶段，承担了太多的建设与公共事务有关。在"发展型"或"全能型"政府职能下，地方政府须面对庞杂的事务，涉及经济发展、城市建设、社会管理、科教文卫体、环境保护、地区治安以及上承下接等方方面面。

---

① 中国人民银行决定自 2013 年 7 月 20 日起全面放开金融机构贷款利率管制。第一，取消金融机构贷款利率 0.7 倍的下限，由金融机构根据商业原则自主确定贷款利率水平。第二，取消票据贴现利率管制，改变贴现利率在再贴现利率基础上加点确定的方式，由金融机构自主确定。第三，对农村信用社贷款利率不再设立上限。第四，为继续严格执行差别化的住房信贷政策，促进房地产市场健康发展，个人住房贷款利率浮动区间暂不作调整。

中国地方政府在经济事务方面所占的支出比重在世界各国中几乎是最高的。政府支出要求相应的政府收入，繁杂事权要以财力作为保障，大规模建设、维稳与社会福利的"刚性"都在倒逼着财政收支流程。当前财税体系是在1994年分税制改革及随后税制调整中逐步形成的，在28个税种中，划归地方的18个税种基本都是税源零星、征管难度高的小税种，这导致地方政府的征税能力受限。而国有企业虽然规模不小，回报率却很低，对政府收入的贡献不大。地方政府为了应对庞大的开支，在税收不足、国资经营收益微薄的情况下，就只能通过非税收费、政府基金两大项来加以弥补。

厦门市作为一个外向型经济特区，发展起点较高，政府运作相对规范，税费征收规范。其税收收入占GDP的比重虽然不如上海，但并不亚于福州、杭州、苏州、深圳等沿海经济发达城市。按照2017年厦门两会资料《关于厦门市2016年预算执行情况和2017年预算草案的报告》的表述，"厦门2016年税收收入支撑有力，税收增量占比90%以上，税性比居全省第一，高出全国、全省平均水平约7个百分点"。但即使如此，2016厦门全市税收收入（含社保）占GDP的比重也仅有20%，如果扣除社保基金，税收占比仅为14%。利用前文数据，可以进一步清晰政府全口径收入的结构：2016年厦门全口径政府收入1402亿元中：税收528亿元，约占38%；非税收入（行政收费）约120亿元[①]，约占9%；国有资本经营收入16.7亿元，约占1%；政府性基金收入464亿元，约占33%；社保基金收入274亿元，约占20%。对应于648亿元的一般

---

① 前已述及，此处的非税收入数据来自《厦门经济特区年鉴》，主要是行政事业性收费。

性预算财政收入（税收加非税），厦门市包括 22 大项支出①的一般公共预算支出达 761.18 亿元（见表 10），因此还必须通过上级补助、上年结转、新增债务收入、政府性基金调入一般公共预算的收入等多项其他收入来源来弥补缺口。

表 10 厦门市 2016 年一般公共预算支出结构

单位：亿元，%

序号	类别	金额	占比	序号	类别	金额	占比
1	一般公共服务支出	56.56	7.43	13	资源勘探电力信息等支出	57.53	7.56
2	国防支出	0.87	0.11	14	商业服务业等支出	34.98	4.59
3	公共安全支出	37.73	4.96	15	金融支出	1.84	0.24
4	教育支出	109.51	14.39	16	援助其他地区支出	0.01	0.00
5	科学技术支出	21.12	2.77	17	国土海洋气象等支出	7.33	0.96
6	文化体育与传媒支出	13.67	1.80	18	住房保障支出	6.45	0.85
7	社会保障和就业支出	48.95	6.43	19	粮油物资储备支出	0.26	0.03
8	医疗卫生支出	49.45	6.50	20	其他支出	17.79	2.34
9	节能环保支出	50.65	6.65	21	债务付息支出	0.01	0.00
10	城乡社区支出	140.61	18.47	22	债务发行费用支出	0.01	0.00
11	农林水支出	21.28	2.80		支出合计	761.18	100.00
12	交通运输支出	80.55	10.58				

资料来源：据 2017 年厦门两会《关于厦门市 2016 年预算执行情况和 2017 年预算草案的报告》附件资料计算。

---

① 这 22 大项支出为：一般公共服务、国防、公共安全、教育、科学技术、文化体育与传媒、社会保障和就业、医疗卫生、节能环保、城乡社区、农林水、交通运输、资源勘探电力信息等、商业服务业等、金融、援助其他地区、国土海洋气象等、住房保障、粮油物资储备、其他、债务付息、债务发行费用支出。

从政府性基金收入看，其主要来源为土地出让金 456 亿元，占全口径政府收入的 32.5%，由于基金专款专用的性质，这些收入几乎全部用在城乡社区支出上（440 亿元）。若再加上一般预算支出中的城乡社区支出 141 亿元，厦门市 2016 年用于城市建设的支出多达 581 亿元，占全口径政府收入的 41.4%。由此可见其规模之大。从实际建设项目也可得到印证。据 2017 年厦门两会《政府工作报告》，2016 年集美新城、环东海域东部新城、翔安南部新城、马銮湾新城建设完成投资 820 亿元；策划生成"四个领域"补短板项目 550 个，总投资 5280 亿元，完成投资 697 亿元，竣工及在建项目占 53%。岛外新城建设也在推进，地铁 1、2、3、6 号线四条线路全部动工，完成 1 号线洞体建设，翔安机场填海造地全面实施，"两环八射"快速路网建设正在进行。近年厦门的基础设施发展如此迅猛，是与非税收入及政府性基金支撑下的大投资、大基建分不开的。这些项目建设周期一般较长，还需要大量的后续投入。由此不难理解，在地方政府承担大量事权，城市化又处于快速扩张的阶段，试图大幅减少宏观税负率来实现快速降成本的空间并不很乐观。

（3）在中国现有的政治条件下，财政供养的机构和人员众多，依靠地方政府自身去大幅度削减机构和人员来减少支出，并不太现实。

中国历来财政供养人口规模过大且增长速度过快。财政供养人员分为两大部分：一是政府机关人员，包括国家机关人员、党政机关人员和社会团体机关人员；二是事业单位人员，包括教育、医疗卫生、科研、文化等公立部门人员。改革开放以来，中国分别于 1982 年、1988 年、1993 年、1998 年、2003 年、2008 年和 2013 年共进行了 7 次较大规模的行政改革，目的是为了精简机构、减政放权。但实际情况是，经过多轮的机构改革，政府机构始终在"精简—膨胀—再精简—再膨胀"的怪圈中循环。地方政府在进行财政支出预算时，首先是确保财政供养人口的工资支出，然后在财力有余的情况下再考虑经济投资和公共产品供给。财政供养人口规模扩大必然使这部分财政支出增加。

在中国的垂直对口管理体制下，地方政府的部门基本是随着中央政府的机构来对应设置的。在最近的 2013 ~ 2014 年机构改革中，中央、省明确规定大城市政府工作部门不超过 40 个，市、县（区）政府不设部门管理机构。厦门市对此进行机构编制总量控制，市级政府工作机构从原来的 45 个缩减到 39 个，减少了 6 个。改革的重点主要是整合加强卫生和计划生育、市场监管、人力资源和社会保障、公务员管理、工业和信息化、涉农以及教育管理机构等，进一步调整理顺部门职责分工。与前几次相比，这次政府机构改革力度是最大的一次。实际效果如何？鉴于数据的可得性，这里借鉴一些研究衡量公务员规模的指标，采用《厦门经济特区年鉴》中"公共管理、社会保障和社会组织"比例作为财政供养人口规模的一个近似度量指标，结果如表 11 所示。从中发现，虽然厦门公共部门近十年来的绝对就业人数是增长的，与全社会就业相比，却显现逐年下降趋势。2013 年以来该比例降至 1.2% 以下。但 2015 年仅比上年减少了 0.01 个百分点，由此判断政府机构未来继续精简的空间似乎并不太大。

（4）在劳动力市场一体化条件下，政府对于市场化薪酬和人工成本的可干预余地也不多。

表 11　厦门财政供养人口规模的一个近似度量

年份	2006	2007	2008	2009	2010	2011	2012	2013	2014	2015
全社会劳动从业人数（万人）	151.45	150.54	160.85	183.39	207.47	225.68	245.98	264.33	282.62	299.64
公共管理、社会保障和社会组织*（万家）	2.82	2.52	2.46	2.66	2.76	2.94	3.06	3.15	3.29	3.44
占比（%）	1.86	1.67	1.53	1.45	1.33	1.30	1.24	1.19	1.16	1.15

注：＊2012 年以前为“公共管理和社会组织”。
资料来源：根据历年《厦门经济特区年鉴》数据计算。

　　计划经济时期，中国经济以国有企业为主体，劳动制度以“三铁”为特征[①]，劳动力不能自由流动，工资根据级别和资历按固定比例调整。改革开放后，1986 年国有企业开始推行劳动合同制，工资、福利等相关内容均写入合同，并依照合同内容执行。之后劳动力流动限制逐步放宽，配合以私营企业的成长和外资企业的引进，中国劳动力市场开始形成，市场化的工资议价开始起主导作用。薪酬福利作为企业生产成本的一部分，劳动者对此的要求能否实现，有赖于企业根据生产经营状况及其面临的市场竞争环境做出的反应，其本质在于劳动力市场的供求关系，有赖于就业市场行情和劳资双方的议价能力，因此地方政府对此并没有很大的干预空间。当然，政府通过户籍制度、最低工资制、五险一金缴纳要求以

[①]　即以终生雇佣制为特征的“铁饭碗”、根据计划确定的“铁工资”、政府任命的企业管理者的“铁交椅”。

及《劳动法》等劳工保护规定，可以对劳动薪资水平和企业人工成本施加一定的影响。厦门市政府在降成本进程中，下调了企业的社保费率降低人工成本，调整后的社保费率为30.54%（全国平均为39%），单位缴费比例为20.04%，几乎是全国最低（全国平均为28%）。未来这方面的成本挤压空间已然不大。

（5）在大宗商品高度国际依存和原材料市场化定价的制约下，政府和企业降低生产资料成本有相当难度。

加入WTO以来，中国融入了国际社会，并已成为全球化生产体系的一个重要组成部分。尽管所谓的"红色供应链"在国际贸易中似乎已经举足轻重，但我们在大宗商品原材料、战略性原材料方面，话语权仍然很小。比如原油，据测算，全球石油海洋运输的40%目的地都是中国，但中国对这个品种的定价权只有9%。不仅原油品种，在其他商品类别上，也存在着这种困境。在国内，大部分原材料价格亦已市场化，其价格涨跌完全由市场供求关系决定。2016年采购行业的第一个关键词就是"涨价"。2016年下半年以来我国制造业购进价格指数持续上升，10月升势加剧，达到62.6%，较上月上升5.1个百分点。从调查来看，反映原材料价格上涨的企业比重达到26.5%，较上月上升4.7个百分点，为2013年4月以来的最高值。一些企业反映，煤炭、焦炭以及塑料原料PP、PVC、PTA等产品价格上涨快，成本压力陡增。在厦门调研中，某医药企业给我们出示了国内上游企业调价通知单，其所供应的原料价格在半个月内上调45%。该企业采购人员说，现在没有人提"降成本"了，供应商几乎每个月都在涨价，有的甚至一天内两次涨价，这给企业经营带来了极大的冲击。面对大宗商品的国际化定价以及原材料价格的上涨态势，地方政府和企业却显得力不从心，降成本变得难上加难。

（6）优化市场环境，降低经济运行费用或制度成本，可拓展的空间还很大。

一个经济体并不是土地、技术、劳动力、资金等生产要素的简单叠加，国家富有还是贫穷也根本不可能通过"要素禀赋论"来简单解释。新制度经济学的研究证明，发展中国家的贫穷，在相当程度上是因为交易费用或者经济运行费用（制度成本）十分高昂。如果经济运行费用是高昂的，那么整个经济体系运行效率就会极其低下，就不可能获得良好的经济绩效。这一论断，和马克思关于生产力与生产关系的辩证理论是一致的，也为广泛的历史经验所证实。中国改革开放以来的迅速崛起，并不仅仅源自通常所认为的低价劳动力"比较成本优势"——改革开放前劳动力更便宜，但并未出现"奇迹"。三十多年来"中国故事"的实质，是从封闭变成开放，从计划转向市场，在市场开放中不断进行组织创新和体制变革，不断降低制度成本，不断放松对人的束缚，不断调整生产关系，解放并发展了社会生产力，经济和社会才实现了巨大的腾飞。

从微观角度看，企业是作为不断"内化"交易成本而存在的。交易成本，包括信息成本、谈判成本、界定和控制产权的成本、监督成本和制度结构变化的成本，它们的高低在某种程度上决定了企业的生死存亡。企业"内化"市场交易的同时产生额外的管理费用，当管理费用的增加与市场交易成本节省的数量相当时，企业的边界趋于平衡或稳定。当市场上各种名目的"费"太多、制度成本太高，一旦超过企业的"内化"能力，企业家必然放弃交易，从而导致企业不再发展，生产和市场交换停滞，最终使经济发展失去活力和推动力。

中国供给侧结构性改革的核心思想就是降低制度成本。在此问题上，政府的作用至关重要，通过各项制度改革和简政放权，可真正降低制度成本和不必要的社会负担。近年的创设自贸区、简政放权、"放管服"改革、反腐倡廉等措施，其用意都在降低政府提供服务的成本从而降低制度成本。未来通过市场化改革进一步推动完成各类价格改革，打破行业垄断，实现政企真正分开，让政府还利于民，是地方政府推进供给侧结构性改革、实现降成本的重要突破方向。

3. 厦门市降成本、优环境的政策建议

通过上面的论述，我们考察了厦门市成本现状，剖析了成本上升的机理，梳理了厦门降成本的政策进程，并对降成本的约束条件和拓展空间提出了自己的理解。总的看来，厦门市在供给侧结构性改革中，在降低企业成本、优化营商环境方面，取得了明显的成效，许多做法在全国领先，形成了"厦门经验"，但同时，降成本面临不少约束和困惑，还有进一步改善的空间。在此我们建议，在通过"消极被动型"或"成本节约型"挤压举措来减轻企业负担的同时，厦门市下一步可选的政策方向，是从"硬化预算、强化竞争、专项治理、激励创新"16字入手，进一步推进"财政透明化"改革，"硬化"政府机关、事业单位、国企等政府供养补贴部门的预算约束，推动国企、垄断企业和事业单位的三大体制变革，放松服务业管制，重点对养老、教育、医疗、房价"四大难"和金融债务风险进行专项治理，减轻生产和生活压力，激励企业创新来实现成本补偿，从而以"积极主动型"或者"效率提升型"措施达成降低相对成本的目标，尽快使厦门市从原来的劳动力比较成本优势转为国际化竞争优势。

（1）预算硬化，收支平滑化，财政透明化。

"软预算约束"是一种政策性负担，也是隐性的社会成本。该概念是匈牙利经济学家科尔奈在 20 世纪 70 年代提出来的，并在其后归纳为"软预算约束综合征"，即一个组织的行为受"一旦陷入严峻的财务困境能否得到救助"这一预期的影响[①]。该理论机制更为平白的表述是，一个组织不顾"收入必须大于支出"的基本财务约束，对价格（成本）不敏感、对风险不关心、对后果不负责，追求过度支出或扩张，从而使自己频繁地陷入财务困境，不得不要求更多救助。由此预算约束被"软化"，并成为一个自我激发、自我强化的过程，最后国家出于社会稳定的要求，不得不把各种损失承包下来，而这种损失事实上作为一种隐性的社会成本最终会转嫁给纳税人来负担。科尔奈提出的九个易受"软预算约束综合征"影响的组织或领域为：①国有企业；②地方政府；③预算资金支持机构和非政府组织；④银行；⑤不可或缺的私人企业（耗费巨大资源的大型企业）；⑥以公共资金融资的大型优先项目；⑦享有行业支持的企业或个体制造商；⑧通过腐败得到救助的私人企业；⑨中央政府。

在计划经济到市场经济转轨的每一个阶段，中国都出现了因为"软预算约束"问题而导致的清算破产和大型救助案例（近期的如辉山乳业公司），负面影响不小。在预防"软预算约束综合征"，"硬化"预算约束方面，厦门政府可以做的，一是对辖区内的国有企业、大型私人企业、大型项目、民间借贷以及银行等机构债务与

---

① 雅诺什·科尔奈：《软预算约束》，《比较》2014 年第 5 期。更完整的体制分析，可见其《社会主义体制：共产主义政治经济学》一书。

财务状况建立动态监控系统，关注其潜在风险。二是清理各类财政补贴，摸清家底，并进一步评估补贴的实际经济效果，尽可能减少各类机构对于政府补贴的依赖性，减少相应的寻租空间。三是清理淘汰各类"僵尸"企业，减轻财政压力和社会成本。四是警惕城市化的融资风险以及可能的"周期性赤字"问题。所谓的周期性赤字，是指经过经济和商业周期调整后，可能会出现的财政赤字①。在城市化加速期，由于政府主导了经济流程，承担了较大的融资任务，相应的风险必然由政府来承担。通过地方融资平台所投向的项目大多数有成本高、投资额大、收益率较低和非排他性②等特征。在低利率、高资产价格背景下表现出来的债务偿还能力较高，可以通过重新评估、抵押撬动更多的信贷资金，这增强了支出扩张的惯性。但这种模式是不可持续的，未来一旦经济转向，资产泡沫破裂，实际利率上升，就会出现政府的资产负债表发生结构性转变，资产衰退，负债扩张，债务风险甚至危机的爆发将不可避免。因此需要通过一定的法律或规则使城市融资问题更为规范化，通过市政债券、信托、基金或政策性银行支持等方式，逐步化解融资难题，同时硬化地方政府债务和预算约束，平滑政府收支，增强财政稳健性，使之始终处于良性循环状态。

自 20 世纪后半叶以来，西方发达国家政府管理的重大动向是

---

① 其机制是：由于在经济繁荣期，财政收入会随着经济高增长而出现人为膨胀，此时的财政盈余可能掩盖了潜在的赤字；而在衰退期，财政收入一般会减速，而公共支出义务却未减轻（甚至因失业救济、政府救市等而有所增加），同时政府的债务负担会因衰退期的实际利率上升而大幅增加。因此政府实际的财政平衡，应当从经济繁荣－衰退的整个周期来考量才能保持其稳健性。

② 融资平台的正常运转基于成本分担机制：一是地方财政以土地、资本金等形式注入平台实体（政府获得级差地租等）；二是通过项目收益的形式由部分社会成员承担（比如高速收费）；三是由整个社会承担。

"透明财政新运动"，推行阳光行政，透明财政。近十年来中国政府在公开信息方面已然进步不少，各级政府收支却仍如一个个巨大的"黑箱"，很多利益和问题仍未得到有效的披露。厦门在这方面已经率先迈出了重要的一步，2017 年两会期间在政府网站公布了2016 年财政收支附表，将政府全口径收支以及按功能、部门划分的明细数据公之于众，主动接受市民监督。这体现了厦门市政府推动治理规范化和法治化的决心，体现了"人民的政府为人民，人民的政府由人民监督"，在某种程度上也是对"四个自信"做了一个很好诠释。厦门未来还需加快与财政相关的人大立法，进一步提高公共财政预算和支出的透明度，使政府行为和收支的阳光化成为一项法治要求。这种透明公开的制度安排包括政府更大程度的主动公开、立法机关质询、监察审计和对于揭发者的制度性保护以及公众、媒体的监督等。

（2）强化竞争，反对垄断，推动市场化的体制变革。

竞争是市场经济的本质属性和基本特征，统一开放、竞争有序的市场体系，有助于降低交易成本，降低产品和服务价格，使各参与者获益。厦门的市场经济发展程度已然不低，但仍有很大的体制变革空间。

一是需要将价格机制改革落到实处。2016 年 10 月 24 日，厦门市委、市政府联合颁发《关于推进价格机制改革的实施意见》，掀开了新一轮价格机制改革的大幕。意见提出了"坚持市场决定、放管结合、改革创新、稳慎推进，深化重点领域价格改革，健全政府定价制度，加强市场价格监管和反垄断执法，发挥价格杠杆调控作用，服务供给侧结构性改革，有效激发市场活力，提高价格公共服务水平，推动经济转型升级，为厦门经济社会加快发展营造良好价格环境"的目标。为此将实施若干项重点领域价格改革①、先行先试深化价格机制改革、建立健全政府定价制度、完善价格调控体系、推进价格监管服务体系和能力现代化建设、完善改革保障措施等几大方面的任务逐个分解，层层落实到相关政府部门。其预期的路线图或日程为："2017 年竞争性领域和环节价格全面放开，政府定价范围主要限定在重要公用事业、公益性服务、网络型自然垄断环节。到 2020 年，市场决定价格机制比较完善，科学、规范、透明的价格监管制度和反价格垄断执法体系基本建立，价格调控机制基本健全。"

二是切实反对垄断。有竞争就会出现不正当竞争、限制性竞争以及垄断，不当竞争及垄断妨碍了公平竞争，拉高了社会成本，降低了投资效率，侵害了消费者的公平交易权和选择权，因此需要严厉打击各种排除、限制竞争的行为②。

三是对事业单位、国有企业和垄断企业进行根本性的体制改革。政策扶持或补贴部门掌握了太多的经济甚至政治资源，但其产出效率极其低下，他们所获得的政策补贴、对外的收费或加成定价，都构成了对市场竞争部门的租金索取，提高了全社会的成本。因此，要对这三大类组织进行改革，消除不合理的行政保护和企业特权，不怕触动"老虎级"垄断企业的利益，放开市场，引入竞

---

① 这些重点领域是：加快资源产品价格改革，完善环保价格政策，完善医疗服务价格动态调整机制，完善教育收费管理，建立公共交通、车辆通行与治堵的收费互补机制，分类实施公益服务价格机制改革。

② 2014 年 6 月 4 日国务院《关于促进市场公平竞争维护市场正常秩序的若干意见》强调"法不禁止的，市场主体即可为；法未授权的，政府部门不能为"，明确了严厉惩处垄断行为和不正当竞争行为、打破地区封锁和行业垄断等环节的政府职责，要"严肃查处损害竞争、损害消费者权益以及妨碍创新和技术进步的垄断协议、滥用市场支配地位行为；加大经营者集中反垄断审查力度，有效防范通过并购获取垄断地位并损害市场竞争的行为；改革自然垄断行业监管办法，强化垄断环节监管"。

争，将事业单位的"科教文卫"按"普遍服务"与"商业化供给"分开，推动现代服务业的发展，推动供给和需求机制进一步协调调整，最终形成可竞争性的市场结构，同时释放这些低效率部门沉淀的人力资本，提高社会生产力。

（3）专项治理，缩小收入差距，减轻各种显性与隐性负担。

厦门已经迈过了中等收入阶段而进入高收入发展阶段。在高收入阶段必须更加关注收入差距问题。收入差距的根源在于两大方面：第一是政府及其代理人在国民收入分配中占的比重较大；第二是身份社会下的诸如官民不平等、工农不平等、区域不平等，使不同的人在工作与生活的方方面面都受到不平等待遇。在近年"教育贵、医疗贵、养老贵、房价贵"等四座大山面前，这种差距进一步被拉大，使低收入阶层甚至中产阶层变得相对贫困化，并在某种程度上又转化为身份焦虑，从而产生严重的心理失衡和被剥夺感，引发他们对社会的抵触情绪，成为社会不稳定的重要来源。贫富差距拉大意味着中产阶层的萎缩，而中产阶层向来是政治发展的基石。在许多国家，街头政治逐渐取代了议会民主，保护主义及排外情绪挤压了多边合作，在社交媒体和自媒体的助推下，所谓的"暴走快闪"迅速蔓延，很可能演变成群众运动，足以影响社会的稳定甚至政治生态。

因而，减负不仅意味着要降低经济负担，同时也需要减轻心理压力或精神负担。为此厦门除了供给侧改革中的"补短板"外，还应当针对教育、医疗、养老、房价等社会普遍关心的问题进行专项治理。特别是高房价，已经使人人谈房色变、不堪重负，生产与生活压力陡增，激化了社会矛盾。实体经济承受着全面生产要素成本上升压力，利润微薄，某些上市公司的利润还不如炒卖一套住房的收益，这无异于逼迫企业去投机获取资产回报，直接拉大了实体和资产部门的缺口。前已述及，相较于同类城市，厦门的高地价和高房价问题更为严重，在2016年的全国房价涨幅排行榜中，厦门同比上涨41.9%，高居全国第2名（仅次于合肥），二手房单价已经超过4万元/平方米。在2015年厦门国土局公布的数据中，外地投资客全年成交面积233.14万平方米，占整体购房的66.45%。对此，厦门市政府已经出台严厉的房地产调控政策来打击投机。2016年7月15日调整住房信贷政策；9月5日起重启住房限购；10月6日出台《关于进一步促进我市房地产市场平稳健康发展的意见》，限购力度加大；2017年3月24日，厦门楼市调控再次升级，政府六部门联合发布《关于进一步完善调控措施促进我市房地产市场平稳健康发展的通知》，直指投机炒房行为。调控中，简单而严厉的限买、限卖（最少两年后才能卖，单身的只能买一套）等举措有点类似于股市"熔断"（停止或冻结市场交易），能够马上见效，却也是"运动式"的计划控制手段的回归。厦门未来应该进一步研究市场化的房地产治理长效机制。从政府自身而言，只有消除单纯追求"快"而获激励的土地财政机制，将对土地出让金的依赖转向不动产税，或许才能从根本上抑制城市化过程中的房地产泡沫问题。

（4）激励创新，提质增效，迎接服务型社会的到来。

迈克尔·波特等著的《日本还有竞争力吗？》[①] 提出了一个困惑世人的谜题：为什么日本产品行销全球，而国内经济却一直一蹶不振？波特的回答是"两个日本"：一个是极具竞争力的出口竞争部门，它们带动了日本的出口，累积了巨额的外汇，赢得了世人的瞩目；另一个是支离破碎、低效率、高成本的国内管制部门，它包

---

① 迈克尔·波特、竹内广高、神原鞠子：《日本还有竞争力吗？》，中信出版社，2002。

括商业、金融服务、医疗保健、能源、货运、电信、建筑、房地产、农业等没有效率的服务业，虽然提供了大量就业机会以及社会的安定力量，但拖累了日本整体的生产率，并在烦琐的行政管制措施下难以整合。"两个日本"同时并存的结果是物价昂贵，不仅生产成本很高，日本员工的"高薪"也全被昂贵的生活费用抵消。日本人对几乎每样东西都支付了太高的价钱，其恩格尔系数达20%，而美国人仅为12%，买房子对于大多数日本人来说是一生仅一次的事情——大多数房屋是在退休时购买的。结果日本人的生活水平远远低于这个国家的人均收入所应有的水平，过去如此，现在还是如此。"两个日本"的形成，自有它历史与文化的因素，但是日本政府是制造这"两个日本"的推手。发展型政府目标，广泛的"指导"、审批要求和规章，不具竞争力的产业得到保护，出口导向、限制外国直接投资，松懈的反垄断执行力度，政府导向的产业重组，高度管制的金融市场和受限的公司治理（即所谓的"护航系统"），政府资助的研发（R&D）计划，诸如此类的"日本政府模型"，都被认为是导致上述问题的根本原因。

近期，国家发改委印发了《服务业创新发展大纲（2017～2025年)》，对未来八年的服务业发展提出了战略性、方向性的指引，强调优化服务业发展软环境，突出通过深化改革提升服务业发展质量和效益。大纲指出了我国服务业发展的问题，"当前，我国服务业增加值比重明显低于上中等收入国家57%的平均水平，与发达国家74%的平均水平相差20多个百分点。服务供给创新还跟不上需求升级步伐，生产性服务业对制造业转型升级的支撑不够，生活性服务业不少领域难以满足居民需求；服务业整体上处于国际分工中低端，贸易逆差规模较大。这里面有发展阶段的客观原因，但更重要的是因为理念转变相对滞后、体制机制束缚较多，统一开放、公平竞争的市场环境尚不完善"。

显然，厦门市的经济发展、产业政策及政府干预模式，也不无类似"通病"。厦门的服务业比例为58%，对GDP的贡献比重已经接近70%，可以认为厦门已经进入"服务型社会"。根据经济学中的"需求偏好相似理论"，由于人均收入的趋同，发展中经济体的高收入群体（如厦门）的需求偏好与发达国家平均收入水平或中产阶级的需求偏好已十分接近。在这个阶段，人们的发展与享受型需求快速上升，对于产品和服务品质的要求提高，对于中高端服务品的需求增加。但现实是厦门服务业的发展参差不齐，规模仍然偏小，龙头企业较少，带动作用不明显，尤其是中高端服务品供给不足，导致其成本居高不下。更重要的原因是服务业生产率不高（本课题的分报告对此做了大量专门测算，详情可参看相关报告），拖累了整体经济增长率，其源头又与服务业的大量管制有关系，是治理扭曲（管制、干预等）带来的资源错配所致。尽管我们目前还难以得出竞争与管制、封闭与开放相对立的"两个厦门"的简单结论，但厦门的现实情形，确实接近于日本等东亚先行经济体发展中所遭遇的问题了。

由此，厦门应以先行经济体的经验作为启示，以国家《服务业创新发展大纲（2017~2025年）》为指引，发展服务业和实现转型升级。特别是要把握大纲提出的一个"核心"和三个"重点"：一个核心是打造促进服务业持续健康发展的体制机制和软环境。三个重点的第一个重点是放松管制、促进竞争，第二个重点是扩大开放、融入全球，第三个重点是完善机制、提高标准。着力进行现代服务业的改革，推动包括科教文卫在内的高端服务业的开放发展，让服务业的效率与制造业劳动生产率同步增长，强化人力资本优势和创新优势，保护知识产权，通过创新收益来实现成本补偿，才能稳定潜在增长率，促使厦门市从原来的劳动力比较成本优势转为国际化竞争优势。

人是生产力中最活跃的因素。创意创新创造的根本在人，而大学则是最重要的人才之源。大学亦是城市的底色与名片。因此厦门市在科教文卫的开放发展方面，未来可以把大学建设放在重要位置。放眼全球，可发现国际一流名校常常三两比邻，并肩而立，相互竞争，相得益彰。著名的"双子座"有牛津与剑桥、哈佛与 MIT、加州伯克利与斯坦福，甚至中国的北大与清华。美国东西海岸的两对"双子座"大学，被并称为"美国社会不朽的学术脊梁"。近年深圳在引进外部高等教育资源方面力度很大，而浙江省在浙江大学之外创立"西湖高等研究院"，或亦有通过引入高等教育科研的特色竞争促进城市发展的意蕴。因此在科教文卫的开放方面，鉴于厦门市科技实力和创新能力不足的现状，仅有的一所高水平大学——厦门大学又偏重文科，且事实上形成了厦门市高端人才供给的垄断与知识结构的偏向，未来厦门市的政策取向不应是更大程度地维护厦门大学的垄断地位，而是探索引入国际超一流理工大学在厦门设立分校，引入新的一流竞争主体，与厦门大学形成竞争发展、优势互补，以实现名校"双子座"比翼双飞之目的。类似的竞争与开放原则也适用于科教文卫及服务业的各个领域。只有吸引国际前沿科研精英和高科技人才汇聚厦门，为厦门源源不断地培育科技后备力量，加快科技成果在厦门的转化，激励本土创新创意企业的生长，以此打造中国的东南"绿色硅谷"，才是推动厦门经济转型和城市治理升级的可行之道，才能持续有效地建设"创新厦门"和"美丽厦门"。

厦门降成本评估与政策研究
——探索经济转型与治理之路

分报告

厦门市降低人工成本对策研究

程锦锥[*]

厦门市落实国务院降低实体经济企业成本，在降低企业人工成本方面采取降低社会保险费、降低人力资源公共服务成本等措施，为企业减负超过 30 亿元。由于总体经济规模较小，城市面积有限，厦门市劳动力生活成本较高。厦门市可采取多种措施，进一步增加劳动力市场弹性，降低劳动力生活成本，从而降低实体企业的人工成本。

一 研究背景

近年来，我国宏观经济下行压力较大。从微观经营实体看，企业经营较为困难，其突出表现为成本上升速度高于收入增长速度。据统计，2015 年，企业的主营业务成本率达到 85.68%，比 2000年上升近 5 个百分点。在国际上，中国快速发展成世界工厂所依赖的成本优势也日渐削弱。根据波士顿咨询公司调查统计的全球制造

---

* 程锦锥，中国社会科学院经济所助理研究员，博士，兼任中国社会科学院上市公司研究中心秘书长。

业成本指数，2014 年我国制造业成本相当于美国 95.5%。企业成本上升较快的经济后果，就是其利润下滑，经营日益困难。2015年我国工业企业利润首次出现负增长。劳动力成本是企业成本的主要构成，也是企业成本上升较快的主要因素，因此，降低人工成本成为降成本的重要课题。

1. 我国提出降低人工成本的大背景

2016 年 8 月，国务院印发《降低实体经济企业成本工作方案》，对开展降低实体经济企业成本工作做出了全面部署。其中，对于降低企业人工成本主要从三个方面展开。

（1）降低企业社保缴费比例，采取综合措施补充资金缺口。牵头单位为人力资源和社会保障部、财政部、国务院国资委。从2016 年 5 月 1 日起，对企业职工基本养老保险单位缴费比例超过20% 的省份，将单位缴费比例降至 20%，单位缴费比例为 20% 且2015 年底企业职工基本养老保险基金累计结余可支付月数超过 9个月的省份，可以阶段性将单位缴费比例降低至 19%；将失业保险总费率阶段性降至 1% ~ 1.5%，其中个人费率不超过 0.5%。以上两项社保费率降低期限暂按两年执行，具体方案由各省（自治区、直辖市）确定。综合采取实施渐进式延迟退休年龄、开展基金投资运营和划转部分国有资本充实社会保障基金，以及支持各地通过拍卖、出租政府公共资源资产等方式筹集资金，为降低企业社保缴费比例创造条件。

（2）完善住房公积金制度，规范和阶段性适当降低企业住房公积金缴存比例。牵头单位为住房和城乡建设部，参加单位包括国家发改委、财政部、中国人民银行。对住房公积金缴存比例高于12% 的一律予以规范调整，不得超过 12%。从 2016 年 5 月 1 日起两年内，由各省（自治区、直辖市）结合实际，阶段性适当降低住房公积金缴存比例。生产经营困难企业除可降低缴存比例外，还可依法申请缓缴住房公积金，待效益好转后再提高缴存比例或恢复缴存并补缴缓缴的住房公积金。

（3）完善最低工资调整机制，健全劳动力市场体系。牵头单位为人力资源和社会保障部、国家发改委、公安部、财政部。统筹兼顾企业承受能力和保障劳动者最低劳动报酬权益，指导各地合理确定最低工资标准调整幅度和调整频率。推进户籍制度改革，实现居住证制度全覆盖，将外来务工人员纳入当地教育、基本医疗卫生等公共服务覆盖范围，降低劳动力自由流动成本，加快形成统一开放、竞争有序的劳动力市场体系。

福建省在落实国务院文件中，出台了《福建省人民政府关于降低企业成本减轻企业负担的意见》，主要集中在社会保险缴费、养老保险费等方面。主要包括三点。①降低社会保险缴费费率。全省失业保险费率在 2015 年由 3% 降至 2% 的基础上，从 2016 年 5 月 1 日起，单位缴费部分再降 0.5%，即用人单位缴纳 1%、个人缴纳 0.5%，执行期限 2 年；继续在全省范围内全面落实 2015 年 10 月 1 日起执行的工伤保险基准费率调整政策，并将政策期限再延长一年至 2018 年 12 月 31 日；各地市根据职工基本医疗保险统筹基金承受能力，可适当降低单位缴费费率；规范调整住房公积金缴存，企业缴存住房公积金比例不得高于 12%，困难企业可适当降低或暂缓缴存公积金。②允许困难企业暂缓缴纳养老保险费。企业经营出现困难的，可按《实施〈中华人民共和国社会保险法〉若干规定》（人力资源和社会保障部令第 13 号）办理养老保险费缓缴，缓缴期限不超过 1 年。企业缓缴养老保险费期间，员工应缴纳的养老保险费仍由企业按时扣缴并按规定按月缴纳，缓缴期满后，企业应缴纳相应的养老保险费。困难企业认定严格按照《福建省城镇企业职工基本养老保险条例》《福建省社会保险费征缴办法》规定情形办理。③继续实施失业保险援企稳岗政策。鼓励生产经营困难企业采取在岗培训、轮班工作、弹性工时、协商薪酬、用工调剂等办法，稳定职工队伍。对于符合有关规定不裁员、少裁员的企业，按企业及其职工上年度实际缴纳失业保险费总额的50%给予稳岗补贴，用于企业职工生活补助、缴纳社会保险费、转岗培训、技能提升培训等支出，所需资金从失业保险基金列支。

2. 厦门市降低人工成本的主要措施

厦门市降低人工成本方面的政策措施，主要体现在两个政策文件中。一个是《厦门市人民政府关于进一步减轻企业负担的通知》（厦府〔2016〕73号）。该文件降低人工成本的主要措施包括：降低社会保险费率和对特定企业的稳岗补贴。另一个是《厦门市人民政府关于印发第二批减轻企业负担政策的通知》（厦府〔2016〕163号），主要措施包括降低社会保险费用、降低残疾人就业保障金和降低人力资源公共服务成本（见表1）。

3. 厦门市降低人工成本的成效

根据厦门市发改委的测算，厦门市为企业降低人工成本，为企业减负超过30亿元。具体如下。

（1）降低社会保险缴费费率。厦门市实行社保降费措施以来，2016年1月至9月共为企业减负21.09亿元。一是降低失业保险费率。2015年3月起，用人单位缴费费率由2%降至1.5%。从2016年6月1日起，缴费费率进一步从1.5%下调至1%，以上政策2016年1月至9月为用人单位减负4.33亿元。二是降低工伤保险

表1 厦门市降低人工成本的主要举措

项目	主要举措	相关文件	实施时间
降低社会保险费	对用人单位职工(不含按政策规定参加机关事业养老保险的人员)基本养老保险单位缴交部分的费率由14%调整为12%,减征后涉及个人的保障待遇保持不变	《厦门市人民政府关于继续实施部分企业扶持政策的通知》(厦府〔2015〕377号)	2016年1月1日起,期限一年
	对厦门市用人单位职工基本医疗保险费用降低1个百分点缴费	《厦门市人民政府关于进一步减轻企业负担的通知》(厦府〔2016〕73号)	2016年3月1日起,期限一年
	对上年度未裁员或净裁员率低于城镇登记失业率的企业给予上年度企业和职工缴纳失业保险费的50%的稳岗补贴	《厦门市人民政府关于进一步减轻企业负担的通知》(厦府〔2016〕73号)	2016年3月1日起,至2020年12月
	用人单位失业保险费缴交费率按1%执行	《厦门市人民政府关于印发第二批减轻企业负担政策的通知》(厦府〔2016〕163号)	2016年6月1日至2017年12月
	用人单位及其职工(不含按政策规定参加机关事业养老保险的人员)缴交基本养老保险费基数的下限与福建省城镇职工养老保险政策一致,即按厦门市最低工资标准执行	《厦门市人民政府关于印发第二批减轻企业负担政策的通知》(厦府〔2016〕163号)	2016年6月1日至2017年12月
	本市城镇职工基本医疗保险费单位缴费费率按6%执行	《厦门市人民政府关于印发第二批减轻企业负担政策的通知》(厦府〔2016〕163号)	2016年6月1日至2017年12月
	工伤保险费率在现行基础上减半执行	《厦门市人民政府关于印发第二批减轻企业负担政策的通知》(厦府〔2016〕163号)	2016年6月1日至2017年12月
	落实国家政策,取消人力资源和社会保障部等部门所属公共就业和人才服务机构收取的人才集体户口管理服务费(包括经营服务性质收费)	《关于取消和暂停征收一批行政事业性收费有关问题的通知》(财税〔2015〕102号)	2016年1月1日起
	免收退休人员管理活动费	《厦门市人民政府关于印发第二批减轻企业负担政策的通知》(厦府〔2016〕163号)	2016年6月1日起
	免收市人才服务中心人才市场服务费(招聘会展位费)	《厦门市人民政府关于印发第二批减轻企业负担政策的通知》(厦府〔2016〕163号)	2016年6月1日起

费率。全市工伤保险行业基准费率从 0.83% 的平均费率调整为 0.677%。从 2016 年 6 月 1 日起，工伤保险平均费率再降至 0.34%。以上政策 2016 年 1 月至 9 月为用人单位减负 0.87 亿元。三是降低生育保险费率。自 2016 年 7 月起，用人单位缴费费率在现有基础上下调 0.1 个百分点（从 0.8% 降为 0.7%）。以上政策 2016 年 7 月至 9 月为用人单位减负 0.35 亿元。

（2）降低基本养老保险费率。自 2016 年 1 月起，厦门市对用人单位为职工缴交基本养老保险费率下降 2 个点征收，即企业缴费率从 14% 降为 12%。厦门市原缴费基数的下限为厦门市上一年度城镇非私营单位在岗职工月平均工资的 60%，从 2016 年 6 月 1 日起将缴费基数下限下调为市最低工资标准，即 1500 元。以上政策 2016 年 1 月至 9 月为企业减负 9.19 亿元。

（3）实施失业保险援企稳岗政策。根据福建省关于将稳岗补贴扩大到不裁员或少裁员企业的规定，厦门市测算 2015 年有 6 万多家企业符合领取稳岗补贴条件，为做好补贴发放工作，人社部门、财政部门及社会保险经办机构经过多次讨论，精简补贴办理流程，2016 年 2 月 5 日联合下发《厦门市人力资源和社会保障局厦门市财政局关于做好失业保险支持企业稳定岗位工作有关问题的通知》规范稳岗补贴发放工作。截至 2016 年 7 月底，共发放 8756 家企业稳岗补贴 14696 万元。

（4）免收企业退休人员管理活动费。截止到 2016 年 10 月底共对 9100 多名企业退休人员免收退休人员管理活动费 546 万元，免收 7.8 万被征地退养人员管理活动费 4680 万元，减轻了企业和退休人员的经济负担。另外，免收市人才服务中心人才市场服务费（招聘会展位费）。自 2016 年 6 月 1 日起免收市人才服务中心人才市场服务费（招聘会展位费），直接减免摊位费 283.38 万元。

二　厦门市人工成本较高的因素研究

厦门市降低人工成本，首要的问题就是为什么人工成本较高。厦门市人工成本相对于其他同类发展地区而言确实较高，既有国内大环境的因素，也有厦门本地的因素。

1. 全国人口结构发生巨变，"刘易斯拐点"到来

改革开放以来，我国劳动力的供应一直非常充裕。一方面是由于我国农村剩余劳动力的转移，另一方面则来自比较有利的人口年龄结构带来了源源不断的新增劳动人口。这种劳动力市场形态可用刘易斯提出的劳动力的无限供给模型进行完美解释。在这种劳动力市场结构下，劳动力过剩，工资取决于维持生活所需的生活资料的价值。在 20 世纪 90 年代后的很长一段时间，我国劳动力的工资始终保持比较平稳状态。但在 2010 年左右，我国出现了新中国成立以来的人口红利的长周期拐点。2010 年，中国 15～64 岁劳动年龄人口比重达到峰值（见表 2）。我国的抚养比从此逆转。大约在 2012 年，我国新增劳动力绝对数出现下降。

2010 年开始，我国劳动力市场出现"刘易斯拐点"，即劳动力不再是无限供给。整个劳动力市场的供需结构发生逆转。反映到具体的劳动力市场上，一个表现是职业供求中的求人倍率出现上升，如图 1 所示，2010 年左右，我国职业供求中的求人倍率摆脱了前十年低于 1 的情况，连续六年都大于 1。"刘易斯拐点"的另外一个表现，就是劳动力价格的上升。2012～2014 年城镇人均工资增速为 11.3%，而同期人均名义 GDP 增速为 9%，名义工资增速比名义 GDP 增速平均高 2.3 个百分点。

表 2　中国人口各年龄段占总人口的比重

单位：%

年份	0～14 岁	15～64 岁	65 岁及以上
2002	22.40	70.30	7.30
2003	22.10	70.40	7.50
2004	21.50	70.90	7.60
2005	20.30	72.00	7.70
2006	19.80	72.30	7.90
2007	19.40	72.50	8.10
2008	19.00	72.70	8.30
2009	18.50	73.00	8.50
2010	16.60	74.50	8.90
2011	16.50	74.40	9.10
2012	16.50	74.10	9.40
2013	16.40	73.90	9.70
2014	16.49	73.41	10.10
2015	16.52	72.93	10.50
2016	16.64	72.56	10.80

资料来源：国家统计局。

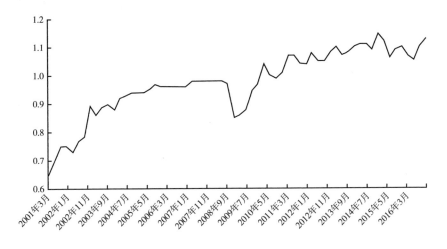

图 1　全国职业供求中的求人倍率

资料来源：中国人力资源市场信息监测中心。

在全国劳动力市场出现"刘易斯拐点"的宏观环境下，厦门市作为一个区域市场，必然受到全国市场的影响。因此，厦门市劳动力市场也面临求人倍率上升及工资水平（即人工成本）上升的问题。

2. 厦门市总体经济规模相对较小，无法形成更高层次的规模经济

厦门在我国城市序列中，属于经济比较发达（人均 GDP 和人均收入较高），但总体经济规模有限的城市（主要由于人口规模和城市规模限制）。由于整体规模较小，厦门市无法形成更高层次的规模经济。

本报告挑选了杭州、宁波、厦门、沈阳、济南、福州六座城市相互比较（见表3）。选出这五个城市与厦门做比较，一是因为它们都属于省会城市或计划单列市，在我国属于同等层次的城市序列。二是因为经济发展水平比较接近，其中杭州、宁波的人均GDP 高于厦门市，沈阳、济南和福州的人均 GDP 低于厦门市。三是具有一定的代表性，既兼顾了南方和北方，又兼顾了福建省内和省外。另外，在我国的统计体系中，它们往往作为同类城市，在获得数据方面具有便利性。

表3 厦门与五个城市的经济对比

城市	指标	2015 年数据
沈阳	GDP(万元)	72723051
	人均 GDP(元)	87734
	社会消费品零售总额(万元)	38832397
杭州	GDP(万元)	100502100
	人均 GDP(元)	139653
	社会消费品零售总额(万元)	46972300

续表

城市	指标	2015 年数据
宁波	GDP(万元)	80036100
	人均 GDP(元)	136773
	社会消费品零售总额(万元)	33496300
福州	GDP(万元)	56180844
	人均 GDP(元)	75259
	社会消费品零售总额(万元)	34887426
厦门	GDP(万元)	34660288
	人均 GDP(元)	90379
	社会消费品零售总额(万元)	11684228
济南	GDP(万元)	61002320
	人均 GDP(元)	85919
	社会消费品零售总额(万元)	34103088

资料来源：Wind 数据库。

从表 3 可以观察到，厦门市的人均 GDP 低于杭州和宁波，高于沈阳、福州和济南。但是从整体经济规模看，2015 年，杭州市 GDP 步入万亿级别；宁波、沈阳、济南和福州的 GDP 都超过 5000 亿元，厦门市仅有 3000 多亿元。从社会消费品零售总额看，厦门市与其他五座城市也相差甚远。

经济学中，经济规模的大小决定了分工程度，并在一定程度上决定经济效率。一般而言，在同等条件下经济规模越大，生产要素的运用就能越充分，能够实现更佳的资源配置。厦门市的经济总体规模与国内兄弟城市相比，处于规模经济不利的境地。例如，厦门市与其他城市相比，人均可支配收入不是最高的，但人均消费支出及食品支出的金额都是六座城市中最大的，这显示厦门市消费品市场的规模经济不及其他城市（见表 4）。

表4 2013 年六座城市的收入与支出情况

单位：元

城　　市	人均可支配收入	人均消费支出	城镇居民人均消费性支出（食品支出）
杭　州	39310.00	24833.00	8528.00
宁　波	41657.00	23129.00	8068.00
厦　门	41360.00	26864.00	9172.00
沈　阳	29073.91	24633.69	—
济　南	35647.59	21666.94	—
福　州	32265.00	21695.00	8016.00

资料来源：Wind 数据库。

在劳动力市场上也存在规模经济的约束。厦门企业很难招到高学历技术工人，只能边用边培养。2014 年厦门企业平均人工成本 79147 元（见表 5），高于杭州企业的 70673 元，比杭州多 12%。2015 年厦门最低工资标准为 1500 元，非全日制用工小时最低工资标准为 16 元，均居福建省第一档。

表5 2014 年厦门企业人工成本情况

项目	总计	制造业	电力、煤气及水的生产和供应业	建筑业	信息传输、计算机服务和软件业	批发和零售业	金融保险业	房地产业	租赁和商务服务业
从业人员人均人工成本（元）	79147	48176	80156	77156	81687	65717	214687	71387	55471
人工成本占总成本比重（％）	18.13	15.71	8.01	17.25	12.97	16.11	24.27	15.17	32.54

续表

项目	总计	制造业	电力、煤气及水的生产和供应业	建筑业	信息传输、计算机服务和软件业	批发和零售业	金融保险业	房地产业	租赁和商务服务业
人事费用率（%）	35.18	17.24	9.13	9.81	7.81	27.17	52.97	39.17	11.28
人工成本利润率（%）	2.39	2.45	1.37	2.07	1.57	3.84	5.67	6.93	4.28
人工成本构成（%） 从业人员劳动报酬	78.94	83.11	81.01	66.15	84.36	78.39	79.21	80.11	80.89
社会保险费用	9.07	8.96	12.13	6.39	8.07	9.11	11.13	8.49	9.05
福利费用	3.76	4.52	2.84	3.45	2.92	6.85	3.83	4.92	3.57
教育经费	0.69	0.49	0.33	0.27	0.53	0.58	1.11	0.33	1.87
劳动保护费用	1.88	0.88	1.11	1.18	0.09	1.06	0.05	0.21	0.35
住房费用	1.54	1.48	2.14	0.85	3.59	3.84	4.24	4.64	3.99
其他人工成本	4.12	0.56	0.44	21.71	0.44	0.17	0.43	1.3	0.28

资料来源：厦门市人力资源和社会保障局。

3. 厦门市的地理环境，形成劳动力高昂的生活成本

厦门市经济规模较小，与其地理环境有直接的关系。与其他五座城市相比，厦门市的行政区域土地面积明显偏小，且建成区比例较大，没有太大的延展空间。虽然厦门市人口相对较少，但人口密度已经超过三位数。表6是厦门市与其他五座城市的土地资源比较。

表 6　厦门与主要城市的土地资源比较

城市	杭州	宁波	厦门	沈阳	济南	福州
行政区域土地面积（平方公里）	16596	9816	1573	12860	7998	13066
市辖区土地面积（平方公里）	4876	2462	1573	3471	3303	1786
市辖区建成区面积（平方公里）	495	309	301	465	383	254
市辖区城市建设用地面积（平方公里）	447	366	297	465	383	233
市辖区居住用地面积（平方公里）	122	81	67	156	101	98
全市人口密度（人/平方公里）	431.28	594.72	1293.32	568.30	777.21	516.56
市辖区人口密度（人/平方公里）	1076.87	932.74	1293.32	1522.44	1092.92	1105.43
城市建设用地占市区面积比重（%）	9.17	14.87	18.88	13.40	11.60	13.05

资料来源：Wind 数据库。

　　相对狭小的土地面积容纳一定规模的人口和就业，直接导致劳动力生活成本的上升。劳动力生活成本的一个重要表现，是居民花在住房方面的费用。厦门市是我国房价及租金最高的城市之一（见表7和表8）。

表 7　六座城市 2016 年 10 月平均房价比较

单位：元/（月·平方米）

全国排名	城市	平均房价
4	厦门	37406
8	杭州	20524
11	福州	18688
21	济南	12450
22	宁波	12215
65	沈阳	7112

资料来源：中商情报网。

表8　六座城市 2016 年 6 月平均租金对比

单位：元/（月·平方米）

全国排名	城市	平均租金
5	杭州	41.39
6	厦门	38.38
10	福州	32.37
15	宁波	29.59
20	济南	25.69
37	沈阳	21.74

资料来源：中国房价行情平台。

高昂的房价和租金大大提高了劳动力的生活成本，对新进入劳动力形成很高的进入壁垒。同时，高房价也严重影响居民生活质量。根据 2016 年中国城市生活质量报告（该报告包含 35 个城市的生活质量主观满意度指数和客观社会经济数据指数），2016 年生活质量主观满意度指数排名后 10 位的城市是：贵阳、南京、郑州、福州、上海、深圳、长春、西安、兰州、厦门。厦门居 35 个城市最后一位。

4. 厦门市劳动力市场缺乏足够的弹性

厦门市劳动力市场中，外来人口占比很高。作为一座规模相对较小的城市，厦门本地户籍人口的规模在 200 万左右，但常住人口的规模保持在 380 万左右（见表9）。也就是说，常住人口中非户籍人口的比例接近 50%。这样的人口情况，除了一线城市（北京、上海、深圳）外，在我国是不多见的。北京、上海由于其特殊的经济地位吸引了大量外来人口。深圳则是一个移民城市。厦门拥有的大量外来人口未本地化，再加上我国严格的户籍管理制度在社会管理各个层面尚未实质性改变，导致的结果是劳动力市场的分割现象。

表 9　厦门与主要城市的人口对比

单位：万人

城市		2013 年	2014 年	2015 年
沈阳	户籍人口	727.11	730.80	730.41
	常住人口	825.70	828.70	829.10
杭州	户籍人口	706.61	715.76	723.55
	常住人口	884.40	889.20	901.80
宁波	户籍人口	580.15	583.78	586.57
	常住人口	766.30	781.10	782.50
福州	户籍人口	665.49	674.94	678.37
	常住人口	734	743	750
厦门	户籍人口	196.78	203.44	211.15
	常住人口	373	381	386
济南	户籍人口	613.25	621.61	625.73
	常住人口	699.88	706.79	713.20

资料来源：Wind 数据库。

劳动力市场缺乏足够的弹性，一个表现就是厦门市的社会保险费率偏高（见表 10）。这是全国各大城市企业面对的共同问题。据厦门市工商联调查，厦门企业缴纳的社会保险费率为 20%，略低于深圳市的 22%。在医疗保险方面，深圳单位缴交的比重为 6.2%（见表 11），厦门市表现略好，2016 年为 6%。

表 10　2016 年厦门社会保险费缴费标准

参保对象 险种			本市户籍 职工	外来 人员	本市户籍灵活 就业人员和下岗 失业人员	本市个体工商户 业主及本市 户籍雇工
养老 保险	缴费基数（元）		1500～16080	1500	3216～16080	1500～16080
	缴费 比例 （%）	合计	20	20	20	20
		单位	12	12	全部由本人 按月缴纳	12
		个人	8	8		8

续表

险种 参保对象			本市户籍职工	外来人员	本市户籍灵活就业人员和下岗失业人员	本市个体工商户业主及本市户籍雇工
医疗保险	缴费基数（元）		3216～16080	3216	3216～16080	3216～16080
					10	8
	缴费比例（%）	合计	8	5	全部由本人按月缴纳	业主按 8% 计缴、本市户籍雇工（雇主6%、个人2%）
		单位	6	3		
		个人	2	2		
失业保险	缴费基数（元）		≥1500	1500	就业困难人员中的灵活就业人员以个人上年度月平均工资为基数，按2%计缴	≥1500
	缴费比例（%）	合计	1.5	1		1.5
		单位	1	1		1
		个人	0.5	—		0.5
生育保险	缴费基数（元）		≥1500	≥1500	—	≥1500
	缴费比例（%）	合计	0.7	0.7	—	0.7
		单位	0.7	0.7	—	0.7
		个人	—	—	—	—
工伤保险	缴费的对象、基数与比例		①企业职工以上年度个人月平均工资为缴费基数，对照行业费率，由用人单位全额缴纳（不得低于最低工资标准）；2016 年 6 月至 2017 年 12 月，工伤保险费率在现行基础上减半执行；②按建筑工程项目参加工伤保险的建筑企业，依《关于建筑、矿山及石材加工企业农民工参加工伤保险办法（试行）》及费率调整的规定缴费；③市事业单位（指财政补助经费、经费自给及集体所有制的事业单位）、民间非营利组织应以职工个人上年度月平均工资为缴费基数，按 0.5% 的缴费比例由单位缴纳			
备注			①上年度全市在岗职工月平均工资 5360 元，2016 年 7 月最低工资标准为 1500 元/月。②根据厦府〔2015〕377 号文件，2016 年 1 月至 12 月，用人单位职工基本养老保险单位缴费比例降为 12%；根据厦府〔2016〕73			

续表

参保对象　　　险种	本市户籍职工	外来人员	本市户籍灵活就业人员和下岗失业人员	本市个体工商户业主及本市户籍雇工
备　注	号文,2016 年 3 月至 2017 年 2 月医疗保险用人单位缴费率降低 1%;根据厦府〔2016〕163 号文,2016 年 6 月至 2017 年 12 月,用人单位失业保险费缴交费率按 1% 执行;用人单位及其职工缴交基本养老保险费基数的下限按厦门市最低工资标准执行;本市城镇职工基本医疗保险费单位缴费费率按 6% 执行;工伤保险费率在现行基础上减半执行。根据市政府相关批复,用人单位职工基本养老保险单位缴费比例降为 12% 的期限延至 2017 年 12 月 31 日。根据厦府〔2017〕16 号文,外来从业人员基本医疗保险费中用人单位缴交部分的费率由 4% 调整为 3%。 ③本市个体工商户业主缴纳养老、医疗保险费的基数为上年度全市在岗职工月平均工资的 60%,即 3216 元。 ④外来员工中的管理、技术人员社会保险费可按本市职工缴费标准缴纳。在厦门市就业的台港澳同胞、华侨人员、外国人,可以按外来员工或外来管理、技术人员的缴费标准参加社会保险			

资料来源:厦门市人力资源和社会保障局。

2013 年,厦门市基本养老、基本医疗、工伤、失业和生育保险参保人数分别达到 222.30 万、296.69 万、170.03 万、169.64 万和 159.11 万,分别比上年末增长 5.6%、5.7%、6.1%、5.7% 和 6.3%,其中外来员工参加基本养老、基本医疗、工伤、失业和生育保险的人数分别达到 106.58 万、103 万、110.99 万、106.45 万和 106.25 万,分别增长 6.8%、5.4%、6.6%、6.8% 和 6.8%。2014 末,全市基本养老、基本医疗、工伤、失业和生育保险参保人数分别为 226.89 万、314.28 万、175.33 万、177.22 万和 164.30 万,分别比上年末增长 2.1%、6.0%、3.1%、4.5% 和 3.3%。

表 11　2016 年度深圳社会保险费缴费标准

险种		缴费标准:缴费基数 × 缴费比例					缴费基数	举例说明
		缴费比例			分账比例			
		合计	单位	个人	个人账户	共济金		
养老保险	基本 + 地补（深户）	22%	13% + 1%	8%	8%	14%	职工上月工资总额。最高为社平工资的 3 倍,最低为最低工资标准	深户职工小李月工资总额 4000 元;则单位 + 个人缴交为 4000 元 × 22% = 880 元（560 元 + 320 元）
	基本（非深户）	21%	13%	8%	8%	13%		非深户职工小王月工资总额 4000 元;则单位 + 个人缴交为 4000 元 × 21% = 840 元（520 元 + 320 元）
医疗保险	一档（基本 + 地补）	8.2%	6% + 0.2%	2%	不满 45 岁:5%	3.2%	职工月工资总额。最高为社平工资的 3 倍,最低为社平工资的 60%	职工小李月工资总额 3000 元,单位 + 个人缴交为 4052 元 × 8.2% = 332.26 元（251.22 元 + 81.04 元）
					满 45 岁:5.6%	2.6%		
	二档（基本 + 地补）	0.8%	0.5% + 0.1%	0.2%	0	0.8%	社平工资	单位为职工选择参加二档医保,单位 + 个人缴交为 6753 元 × 0.8% = 54.02 元（40.52 元 + 13.5 元）

续表

险种		缴费标准:缴费基数×缴费比例						
		缴费比例			分账比例		缴费基数	举例说明
		合计	单位	个人	个人账户	共济金		
医疗保险	三档（基本+地补）	0.55%	0.4%+0.05%	0.1%	0	0.55%	社平工资	单位为职工选择参加三档医保，单位+个人缴交为6753元×0.55%=37.14元（30.39元+6.75元）
生育保险	2015年10月起	0.5%	0.5%	0	0	0.5%	同养老保险缴费基数	职工小李月工资5000元，应缴生育保险费为5000元×0.5%=25元，全部由单位承担
失业保险	2015年12月起	1.5%	1%	0.5%	0	1.5%	最低工资	职工小王月工资20000元，失业保险费单位缴交2130元×1%=21.3元，职工个人缴交2130×0.5%=10.65元
工伤保险	2016年7月起	根据行业类别分八档基准费率分别为：0.14%、0.28%、0.49%、0.63%、0.66%、0.78%、0.96%、1.14%			0	全部	同养老保险缴费基数	某单位适用四档0.63%的工伤保险费率，该单位小李月工资5000元，应缴工伤保险费为5000元×0.63%=31.5元，由单位承担

注：①表中的"社平工资"是指深圳市上年度在岗职工月平均工资；②表中的"最低工资"是指深圳市当年在岗职工月最低工资标准；③不同时间点的"社平工资""最低工资"以市政府公布数据为准；④本市户籍的个人缴费人员，参加一档医保的缴费比例为8.7%，基数为社平工资的40%～300%，参加二档医保的缴费比例为1%（均包含生育医疗保险），基数为社平工资。

资料来源：深圳市人力资源和社会保障局。

其中，外来员工参加基本养老、基本医疗、工伤、失业和生育保险的人数分别为 111.80 万、110.20 万、114.21 万、111.71 万和 109.90 万，分别增长 4.9%、7.0%、2.9%、5.0% 和 3.4%。2015 年末，基本养老、基本医疗、工伤、失业和生育保险参保人数分别达到 237.17 万、332.12 万、183.93 万、182.41 万和 171.80 万，分别比上年末增长 4.5%、5.7%、4.9%、2.9%、4.6%。其中外来从业人员参加基本养老、基本医疗、工伤、失业和生育保险的人数分别达到 115.04 万、115 万、120.19 万、114.94 万和 114.70 万，分别增长 2.9%、4.4%、5.2%、2.9% 和 4.4%。

厦门市结余了大量社会保险基金。2013 年厦门市全年各类社会保险基金征收 204.15 亿元，增长 25.9%；支出 101.81 亿元，增长 22.9%。各类社会保险基金历年累计结余 441.71 亿元。2014 年厦门各类社会保险基金征收 234.06 亿元，增长 16.6%；支出 123.29 亿元，增长 23.5%。各类社会保险基金历年累计结余 543.79 亿元。2015 年厦门市各类社会保险基金收入 209.47 亿元、支出 144.14 亿元，各类社会保险基金历年累计结余 612.22 亿元。这部分基金由企业负担，掌握在政府手中，形成资源的低效利用。

三 厦门市降低人工成本的进一步对策研究

厦门市在降低人工成本方面，可以有更充足的政策储备。与其他城市相比，厦门市降低人工成本还有政策空间（见表 12）。

表 12 天津、重庆、杭州、宁波、厦门降低企业人工成本政策比较

城市	企业人工成本
天津	降低失业、生育、工伤保险缴费费率,调整后综合费率水平由 0.67% 下调至 0.54%;允许困难企业暂缓缴纳养老保险费;允许困难企业医疗保险缴率由 11% 调整为 8%;2016 年企业最低工资标准拟由 1850 元调整为 1950 元;多渠道分流安置富余人员,给予一定的稳岗补贴;加大对企业的职业培训补贴力度,安排 10 亿元资金,相应给予培训成本 100%、90%、80% 的培训费补贴和 100% 的技能鉴定费补贴
重庆	小微企业比照重庆市个体工商户参加城镇企业职工基本养老保险的办法,单位缴费费率执行 12%;失业保险个人缴费比例下调 0.5%,工伤保险费率调整为 6.6%,市职工生育保险费率调整为 0.5%
杭州	临时性减征医疗保险费、降低生育保险费率。对企业缴纳的职工基本医疗保险费部分每年减征 1 个月,生育保险费率下降 0.2 个百分点;降低工伤保险费率。对不同工伤风险类别的行业执行不同的工伤保险行业基准费率,企业缴纳的工伤保险基准费率平均下降 0.2 个百分点
宁波	降低社会保险费率。职工基本医疗保险单位缴费比例从 11% 降低到 9%。失业保险费率从 3% 下降至 2%,用人单位和职工个人缴纳费率各降 0.5 个百分点。工伤保险行业基准费率,平均费率从 0.95% 降至 0.61%
厦门	降低社会保险费率。用人单位缴费率从 8% 降为 7%,对象为全市所有为职工缴交基本医疗保险的用人单位。 降低人工成本。给企业发放上年度该企业和职工缴纳失业保险费 50% 的稳岗补贴,对象为上年度未裁员或净裁员率低于城镇登记失业率的企业

政府可以采取各种措施帮助劳动者和企业进行对接,提高二者之间的匹配效率,缓解招工难和就业难同时存在的困局。抓紧实施户籍制度改革,落实放宽户口迁移政策,解决外来人口遭受的不平等待遇。补贴支持劳动者技能培训,提高劳动生产效率,劳动生产效率的提高可以吸收覆盖成本的上升。

将外来人口纳入当地教育、基本医疗卫生等公共服务覆盖范围。通过改善外来务工人员生存环境来提高城市劳动力供给。

制定切实惠民的人才政策。参考深圳做法，将人才住房和补贴等优惠政策指标落在实际用人单位，使企业通过为骨干人才控制生活成本、提高生活质量，更好地留住人才，减少人才流失给企业带来的损失。加大对企业职工职业培训的补贴力度。安排职业培训补贴的财政专项资金，对企业职工参加职业培训的，按照人才需求紧缺程度，相应给予一定比例的培训费用补贴。

加大公共服务支出，切实改善劳动力生活负担。弥补交通基础设施短板。构建级配合理的道路网系统。建设快速路、主次干路和支路级配合理的道路网系统，新建区域路网确保按新理念规划建设，形成完整路网，发挥次支路的分流作用。加快快速路及主干路网建设。加快推进"厦漳泉"城市联盟互连高速公路及国、省道建设。加快新城、基地路网建设。弥补社会事业短板。提升教育供给质量和水平。加快公办幼儿园和义务教育阶段学校建设。着力解决教师编制不足及结构性缺编问题。加强教师招聘的制度建设，建立和完善名师动态管理制度，推行教师职务聘后管理制度，实施中小学教师资格考试改革，完善教师准入机制，逐步扩大教师资格定期注册试点范围，加大教师校际交流力度，完善中小学教师农村支教制度。扩充高水平高校。加强与中国科学院大学、德稻教育机构等国内外优质教育资源的合作，设立中国科学院大学厦门微电子工程学院暨微电子产业研究院、德稻教育厦门国际化教育机构等多形式教育机构。提升教育国际化水平。鼓励各区积极引进国际性学校。补齐医疗卫生短板。一是努力提升办医水平。加快推进第一医院、中山医院等公立医院改革步伐，加强学科建设、提升管理水平，力争早日进入全国百强医院行列；二是加大医疗资源供给；三是增强基层医疗卫生机构服务能力，启动新一轮基层医疗卫生机构提升改造工程，推进禾山、殿前、开元、梧村等社区卫生服务中心和一批社区卫生服务站提升改造；四是加大全科、专科医生培养引进力度。抓紧推进厦门医高专（厦门医学院）新校区建设，提高医学本科生培养能力，进一步加强全科医生规培工作。加快儿科、产科医疗人才引进工作，缓解儿科、产科资源紧缺问题。

厦门市降低融资成本与
经济创新升级研究

张 鹏[*]

融资成本不仅关乎上市公司税前利润，还直接影响上市公司创新投入和企业转型升级。本报告通过使用 2008 ~ 2015 年上市公司年报数据，横向和纵向比较了厦门上市公司成本、税费负担和运行效益变化情况，发现厦门上市公司经营面临成本高、税负重、利润薄的困境。为分析困境缘由，我们从差异化融资成本视角切入，深入探讨了影响厦门上市公司创新升级"融资难、融资贵"的制度因素。为此，首先使用指数分解方法对不同行业、不同所有制上市公司的创新能力进行了分解，结果发现国有企业创新能力较弱而民营企业较强，然后比较分析了各类所有制企业不同的融资成本，发现较高的融资成本阻碍了民营企业的创新，国企较低的融资成本却使产能过剩、负债率高企等问题丛生，构成厦门经济转型升级难点和重点。报告最后从改革体制机制角度提出了厦门降低融资成本和促进经济创新升级的治本之策。

* 张鹏，中国社会科学院经济所助理研究员，博士。

一　前言

　　随着厦门经济从高速增长转向中高速增长的"新常态",依靠加杠杆、扩产能的传统扩张模式正变得难以为继,经济增长正从规模供给转向价值创造阶段。在此新旧增长动能转换期,厦门经济的增长动力更多依赖于创新驱动。随着"互联网＋"等新经济、新业态的不断崛起,厦门市传统行业通过转型和一大批创新型中小企业应运而生为经济注入新活力,这不仅能够挖掘经济进入新常态后居民的多样化、定制化需求,充分利用长尾市场来创造企业价值,也带动了商业模式、科技进步等创新增长。然而,企业转型和成长过程中通常面临融资难问题,企业融资问题成为决定企业成长甚至生存的重要因素。根据 UNECE 的研究,新经济企业从萌芽期到初创期(Startup)过程中资金支持通常依赖于自有资金,现金流较为紧张,很大一部分会落入"死亡之谷"(Death of Valley),成熟企业转型过程中若资本市场不发达也将极大影响其创新转型的步伐(见图 1)。虽然近年来厦门通过出台鼓励企业上市、大力发展多层次资本市场体系等政策来破解影响企业融资难、融资贵的深层次矛盾,但融资渠道仍然较窄、融资体系不完备、融资手段还无法摆脱间接融资的影响,融资成本高企成为影响经济增长和促进技术创新的"拦路虎"。从图 2 我们发现 2008 年金融危机以来,全国规模以上工业企业财务费用占营业收入的比重稳步上升,2015 年全国企业融资成本在营业收入的比重达到 1.2%,大型企业和小型企业融资成本都在不断上升,重工业由于重资产特性也使其融资费用远远高于轻工业。

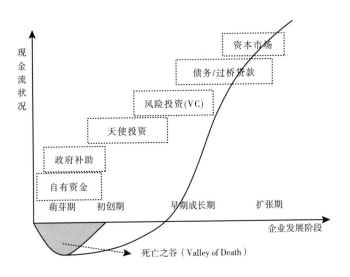

图1 企业成长与融资约束

降低融资成本涉及一系列制度设计，国务院近期出台的《降低实体经济企业成本工作方案》提出了有效降低企业融资成本的六大举措：一是保持流动性合理充裕，二是提高直接融资比重，三是降低贷款中间环节成本，四是扩大长期低成本资金规模，五是稳妥试行市场化债权转股权，六是加大不良资产处置力度。这六大措施从厦门地方角度而言，很多涉及国家政策行为，而且在调研中我们发现厦门出台的政策层面的降融资成本方案，已用至国家政策最大允许范围，实际可操作力度不大。为此，不同于以往分析融资成本的文献，本报告主要使用上市公司微观数据来考察地区融资成本变化，比较分析厦门和国内其他一线城市、计划单列市融资成本变化趋势，从厦门上市公司的成本变化、收益增长与创新能力分析中得出厦门经济转型的难点。我们通过指数分解方法和大量翔实的数据资料，对厦门上市公司成本变化和公司创新能力进行横向和纵向比较分析，发现各类所有制企业不同的创新能力，从而让我们进一步思考融资成本在促进企业创新和效率改进中的作用，通过比较各类所有制企业融资成本差异就可以纵向观察 2008 年金融危机以来厦门及其他地区上市公司创新升级难点，比较得出各地经济转型的得失，为未来厦门经济创新与转型提供参考。

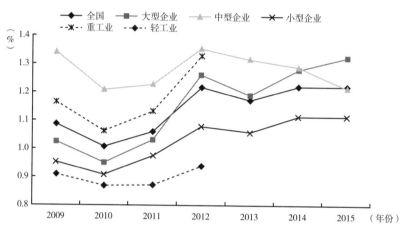

图 2　不同类型企业融资成本占营业收入的比重

　　本报告结构安排如下，第一部分为前言。第二部分为厦门市上市企业成本费用与创值能力分析，将融资成本和其他成本，如人工成本、中间成本、税费及企业运行绩效指标共同纳入扩展的杜邦分析体系，分析各项成本和收益的变化趋势，获取厦门和其他地区上市公司成本变化与成长绩效，并解释了国有企业低成本融资安排所产生的"虹吸效应"对资源错配和对民营企业创新发展的压抑。第三部分为厦门市上市公司创新能力分解与评估，我们主要使用指数分解方法来分析不同行业上市公司的创新能力，并发现各类所有制上市公司创新能力存在明显差异，即国有企业相比民营企业创新能力较弱。第四部分为融资成本对创新升级的影响分析，由于融资成本构成毛利到净利润的重要组成部分，若融资成本较低将会极大促进企业进行技术创新，若融资成本较高将会挤压企业利润空间导致创新能力不足，为此我们比较了各类所有制上市公司的融资成本差异，研究了差异化的融资成本对厦门创新升级的负面作用。最后，根据研究结论提出结合厦门地方实际操作性较强的政策建议。

二　厦门市上市公司成本费用与创值能力分析

通过窥探上市公司的运营绩效来考察宏观经济基本面情况，能够更加深刻地把握厦门经济的微观基础和增长质量。上市公司运营能力体现在多方面，既可以从收入或利润增长角度分析，也可以从成本降低、风险控制等视角来探讨，此外还体现在公司产品特征、经营策略、管理战略、治理质量、甚至社会责任等多方面。通过使用扩展的杜邦分析体系纵向比较上市公司净资产收益率变化，从微观角度把握上市公司成本变化对净资产收益率的影响，并从地区间横向比较这种影响差异。

1. 上市公司运营成本与绩效对比

为了对比分析，本报告不仅对厦门上市公司的成本和绩效进行了分析，也加入了京津沪等直辖市和对标的深圳、宁波、大连、青岛等计划单列市上市公司的成本绩效变化，观察厦门总体成本变化情况和经济转型规律。表1为根据杜邦公式计算的净资产收益率、劳动生产率、资本回报率等效率指标和人工成本、所得税率、期间运营成本及融资成本等成本类指标。具体而言：人工成本为历年上市公司应付职工薪酬与在职职工总数之比；所得税率表征企业税费变化，使用上市公司所得税与利润总额之比衡量，利润总额即营业利润加营业外收入再减去营业外支出所得的税前利润总额，这样得出的所得税率能更好地反映企业的税负；税费率为上市公司应交税费与营业收入之商，目前应交税费按会计准则包括企业依法缴纳的增值税、消费税、营业税、企业所得税、资源税、土地增值税、城市维护建设税、房产税、土地使用税、车船税、教育费附加、矿产资源补偿费等，以及在上缴国家之前，由企业代收代缴的个人所得税等，上述应缴税费可以部分表征上市公司的经营成本；不同于财务分析上的期间成本，这里期间运营成本仅仅为销售费用和管理费用之和，将其与营业收入之比得出上市公司期间成本率；融资成本为财务费用与有息负债之比；毛利率指标中首先计算营业收入与营业成本之差，然后再与营业收入之比而得；投入资本回报率（ROIC）反映上市公司资本投入所带来的利润增长，其分子为净利润，分母投入资本为上市公司所有者权益与有息负债之差[①]；劳动生产率用营业收入与员工人数之比来衡量。

中国证监会在 1999 年发布的《公开发行证券的公司信息披露规范问答第 1 号——非经常性损益》中特别指出，注册会计师应单独对非经常性损益项目予以充分关注，对公司在财务报告附注中所披露的非经常性损益的真实性、准确性与完整性进行核实。随着 2007 年新会计准则的颁布与实施，2008 年中国证监会重新对非经常性损益的范围进行了界定，由原来包含 14 项扩大到目前的 21 条，这对规范上市公司经常性损益及非经常性损益指明了方向。众所周知，价值创造能力一方面是说明上市公司具有盈利能力，另一方面更要强调其持续性。随着经济增长率下降及国家大力推动供给侧结构性改革，部分产能过剩行业持续亏损，为了防止 ST 或退市，

---

① 投入资本＝所有者权益－少数股东权益＋负债－无息流动负债－无息非流动负债。

一些企业可能通过非经常性损益对净利润进行调整，以使财务报表达到正常上市要求。这些非经常性损益来源通常有处置资产、关联交易、债务重组、企业重组、资产置换以及其他营业外收入与支出，显然这些利得或损失具有偶然性和不确定性，无法构成上市公司正常经营收入来源和持续经营的价值基础，因此很多不具备持续经营的上市公司可能具有净利润，却无法为股东持续创造价值。因此，计算净资产收益率时是否扣除非经常性损益就显得特别重要，我们分别使用净利润和扣除非经常性损益的净利润来计算上市公司的 ROE。

观察表1的计算结果，我们可以概括出如下典型事实。从成本端看，厦门上市公司成本费用率较高，不仅高于国内平均水平也高于对比的北京、上海、天津、深圳、宁波、青岛和大连等国内先进城市。从收益端看，却是呈现另外一番景象，2015 年厦门上市公司毛利率只有 9.95%，不仅低于全国平均水平，也是 8 个城市唯一毛利率维持在个位数的，宁波、青岛、深圳等地毛利率都在 20% 以上。具体表现在以下几方面。

第一，厦门劳动力成本快速上涨。随着中国老龄化程度的加深，人口红利窗口期基本结束，劳动力规模在接近顶峰后逐步下降。随着劳动力数量下降，劳动力成本加速上升，从全国平均水平看，2008 年上市公司平均劳动力薪资为 6240 元，而到了 2015 年劳动力成本上升至 16175 元，增长 1.6 倍。分地区看，厦门上市公司劳动力成本高于全国平均水平，增长速度也远远高于全国平均水平，在 8 个城市中居于上游水平，说明劳动力成本上升较快已经构成厦门上市公司成本费用增长的主要因素之一。

第二，厦门是企业融资较贵的城市之一。观看表1结果，融资成本除厦门和大连外,全国平均水平和其他城市都不同程度实现了融资成本的下降,所以从微观角度而言,厦门企业融资成本在过去几年是上升的,值得说明的是,厦门市2015年上市公司融资成本率达到6.15%,在8个城市中最高,成为融资最贵的城市。由于我们样本中考察的都是发展较为成熟、财务核算健全和抵押物充分的上市公司优质资产,现实中起步的初创企业和中小企业融资成本肯定远远高于我们计算的水平。

第三,厦门期间运营成本处于较低水平。除去财务费用外管理费用和销售费用的期间运营成本,除厦门、大连和深圳外,其他地区都经历了上升过程。

第四,厦门上市公司税负较重。2015年厦门上市公司所得税率为28.37%,仅次于大连的28.44%,全国平均所得税率为22.56%,而从税费率看,厦门上市公司税费率虽然低于北京的43.55%,但显著高于全国平均水平(28.6%)6.3百分点,因此从综合税负看,厦门企业的税收负担较重,严重影响了上市公司利润增长与企业的创新投入,后续增长将会比较乏力。

第五,厦门上市公司毛利率处于极低水平。根据财务报表核算知识,毛利到净利润的扣减过程中三费支出即财务费用、管理费用和销售费用将会占据最大比例,因此毛利率若低于计算的融资成本与期间运营成本之和的话,上市公司的经营绩效将不佳,例如厦门2015年毛利率维持在9.95%,扣除融资成本和期间运营成本后基本为负,厦门上市公司净利润状况堪忧。

第六,净资产收益率和投入资本回报率从2008年金融危机以来都在不断下降,若扣除非经常性损益后,上市公司净资产收益率下降更为明显,上市公司收益率已经低于融资成本。2015年全国

表 1　各地区上市公司成本与收益比较

地区	人工成本（元/人）	所得税率	税费率	期间运营成本	融资成本	净资产收益率 a	毛利率	投入资本回报率（ROIC）	劳动生产率（亿元/人）	净资产收益率 b	资产负债率	总资产收益率	资产周转率
全国													
2015 年	16175	0.2256	0.2859	0.0941	0.0597	0.0478	0.1954	0.0440	0.0147	0.0724	0.5988	0.0290	0.6090
2014 年	14256	0.2149	0.2450	0.0856	0.0557	0.0691	0.1870	0.0549	0.0149	0.0921	0.6048	0.0364	0.7137
2013 年	12946	0.2134	0.2149	0.0823	0.0494	0.0763	0.1833	0.0598	0.0143	0.1012	0.6068	0.0398	0.7647
2012 年	11581	0.2184	0.2125	0.0798	0.0591	0.0756	0.1839	0.0592	0.0130	0.0986	0.5997	0.0395	0.7874
2011 年	10742	0.2066	0.2303	0.0769	0.0524	0.0972	0.1908	0.0738	0.0120	0.1215	0.5912	0.0497	0.8298
2010 年	9375	0.1952	0.1902	0.0786	0.0531	0.1059	0.2019	0.0812	0.0095	0.1302	0.5805	0.0546	0.8053
2009 年	7524	0.2021	0.1698	0.0856	0.0525	0.0856	0.2075	0.0673	0.0069	0.1085	0.5790	0.0457	0.7255
2008 年	6240	0.2010	0.1805	0.0791	0.0677	0.0782	0.1839	0.0641	0.0065	0.1013	0.5642	0.0441	0.8439
北京													
2015 年	14873	0.2430	0.4355	0.0708	0.0542	0.0432	0.1969	0.0398	0.0235	0.0648	0.6140	0.0250	0.6705
2014 年	12819	0.2429	0.3581	0.0586	0.0481	0.0732	0.1760	0.0540	0.0266	0.0915	0.6289	0.0340	0.8364
2013 年	11785	0.2207	0.3508	0.0573	0.0426	0.0897	0.1766	0.0668	0.0258	0.1130	0.6269	0.0422	0.8996
2012 年	12014	0.2283	0.3559	0.0559	0.0513	0.0924	0.1813	0.0662	0.0241	0.1103	0.6213	0.0418	0.9387
2011 年	11940	0.2194	0.4295	0.0560	0.0431	0.1141	0.1930	0.0801	0.0220	0.1325	0.6128	0.0513	0.9750
2010 年	11705	0.2146	0.3039	0.0600	0.0422	0.1216	0.2070	0.0890	0.0176	0.1397	0.5893	0.0574	0.9374
2009 年	9365	0.2147	0.2448	0.0677	0.0453	0.1056	0.2234	0.0771	0.0128	0.1202	0.5766	0.0509	0.8059
2008 年	8342	0.1945	0.2111	0.0642	0.0557	0.0936	0.1826	0.0712	0.0119	0.1091	0.5567	0.0484	0.9407

续表

地区	人工成本（元/人）	所得税率	税费率	期间运营成本	融资成本	净资产收益率 a	毛利率	投入资本回报率（ROIC）	劳动生产率（亿元/人）	净资产收益率 b	资产负债率	总资产收益率	资产周转率
大连													
2015 年	10546	0.2844	0.1460	0.0689	0.0511	0.0444	0.1821	0.0301	0.0166	0.0632	0.6460	0.0224	0.4761
2014 年	8762	0.2258	0.0905	0.0795	0.0554	0.0631	0.2361	0.0490	0.0104	0.0989	0.6471	0.0349	0.3723
2013 年	7808	0.1842	-0.171	0.0746	0.0457	0.0791	0.2354	0.0521	0.0109	0.1165	0.6720	0.0382	0.3984
2012 年	7758	0.1852	-0.172	0.0778	0.0584	0.0702	0.2228	0.0480	0.0100	0.1041	0.6714	0.0342	0.4041
2011 年	7899	0.1892	-0.093	0.0812	0.0459	0.0608	0.1955	0.0478	0.0094	0.1136	0.6891	0.0353	0.4134
2010 年	5677	0.1781	-0.060	0.0795	0.0416	0.0689	0.2083	0.0463	0.0070	0.1013	0.6652	0.0339	0.4005
2009 年	3995	0.1576	-0.063	0.0986	0.0312	0.0823	0.2175	0.0501	0.0049	0.1041	0.6343	0.0381	0.4245
2008 年	4028	0.1484	0.0016	0.1042	0.0397	0.0543	0.1839	0.0398	0.0043	0.0784	0.6094	0.0306	0.4636
宁波													
2015 年	40897	0.1999	0.2363	0.1066	0.0424	0.0701	0.2245	0.0624	0.0100	0.1054	0.5742	0.0449	0.4874
2014 年	33740	0.1954	0.2475	0.1025	0.0471	0.0693	0.2263	0.0643	0.0091	0.1044	0.5660	0.0453	0.5267
2013 年	28923	0.2242	0.2216	0.1013	0.0497	0.0814	0.2292	0.0567	0.0083	0.0931	0.5755	0.0395	0.5328
2012 年	19992	0.2239	0.1805	0.1088	0.0595	0.0664	0.2310	0.0537	0.0071	0.0849	0.5629	0.0371	0.4995
2011 年	15451	0.2059	0.1968	0.1015	0.0646	0.0942	0.2396	0.0753	0.0067	0.1191	0.5620	0.0522	0.5255
2010 年	11823	0.1911	0.2478	0.0881	0.0603	0.0879	0.2223	0.0793	0.0054	0.1294	0.5620	0.0567	0.5091
2009 年	10164	0.1899	0.1492	0.0935	0.0490	0.0990	0.2373	0.0979	0.0043	0.1568	0.5751	0.0666	0.5060
2008 年	10404	0.2185	0.1750	0.0907	0.0847	0.0851	0.2063	0.0785	0.0042	0.1257	0.5894	0.0516	0.6200

续表

地区	人工成本（元/人）	所得税率	税费率	期间运营成本	融资成本	净资产收益率 a	毛利率	投入资本回报率（ROIC）	劳动生产率（亿元/人）	净资产收益率 b	资产负债率	总资产收益率	资产周转率
青岛													
2015 年	15801	0.1765	0.1390	0.1989	0.0169	0.0906	0.2733	0.1011	0.0108	0.1268	0.5047	0.0628	0.9996
2014 年	14230	0.1808	0.1412	0.1810	-0.002	0.1152	0.2671	0.1162	0.0109	0.1537	0.5377	0.0711	1.0511
2013 年	13586	0.1790	0.1377	0.1719	-0.016	0.1262	0.2526	0.1249	0.0105	0.1691	0.5656	0.0734	1.1751
2012 年	14888	0.1916	0.1323	0.1701	-0.014	0.1254	0.2513	0.1254	0.0095	0.1671	0.5724	0.0715	1.2435
2011 年	12996	0.1941	0.1622	0.1622	-0.054	0.1427	0.2439	0.1312	0.0090	0.1790	0.5763	0.0758	1.3687
2010 年	9488	0.2176	0.1845	0.1665	-0.031	0.1286	0.2393	0.1276	0.0074	0.1701	0.5622	0.0744	1.4519
2009 年	6595	0.1983	0.1416	0.1829	-0.057	0.1107	0.2631	0.1067	0.0052	0.1397	0.5081	0.0688	1.3761
2008 年	3220	0.2665	0.1016	0.1695	0.2318	0.0648	0.2343	0.0622	0.0046	0.0852	0.5265	0.0403	1.6060
厦门													
2015 年	23563	0.2837	0.3488	0.0504	0.0615	0.0324	0.0995	0.0415	0.0293	0.0698	0.6460	0.0247	1.2568
2014 年	20809	0.2470	0.2953	0.0476	0.0481	0.0633	0.0997	0.0586	0.0264	0.1068	0.6608	0.0362	1.2852
2013 年	19968	0.2441	0.2302	0.0502	0.0249	0.0681	0.1004	0.0630	0.0229	0.1241	0.6865	0.0389	1.3220
2012 年	15690	0.2174	0.1560	0.0494	0.0551	0.0830	0.1026	0.0679	0.0199	0.1286	0.6583	0.0439	1.4333
2011 年	15797	0.2290	0.1963	0.0480	0.0398	0.1228	0.1073	0.0881	0.0196	0.1762	0.6716	0.0579	1.5831
2010 年	12732	0.2059	0.1878	0.0508	0.0221	0.1285	0.1265	0.0828	0.0131	0.1720	0.6979	0.0520	1.3762
2009 年	9013	0.1890	0.2124	0.0552	0.0286	0.0855	0.1465	0.0910	0.0088	0.1865	0.6993	0.0561	1.2760
2008 年	6793	0.2934	0.1334	0.0622	0.0548	0.0159	0.1014	0.0298	0.0077	0.0554	0.6674	0.0184	1.5243

续表

地区	人工成本（元/人）	所得税率	税费率	期间运营成本	融资成本	净资产收益率 a	毛利率	投入资本回报率（ROIC）	劳动生产率（亿元/人）	净资产收益率 b	资产负债率	总资产收益率	资产周转率
上海													
2015 年	27444	0.2037	0.2770	0.1000	0.0549	0.0511	0.1652	0.0583	0.0218	0.0888	0.6240	0.0334	0.6361
2014 年	24362	0.1783	0.1936	0.1049	0.0561	0.0574	0.1675	0.0686	0.0192	0.0962	0.5716	0.0412	0.7586
2013 年	20999	0.2025	0.1867	0.1021	0.0373	0.0539	0.1628	0.0627	0.0186	0.0882	0.5734	0.0376	0.8156
2012 年	17756	0.1901	0.1794	0.1009	0.0501	0.0524	0.1626	0.0657	0.0168	0.0911	0.5606	0.0400	0.8027
2011 年	17210	0.1839	0.1343	0.0966	0.0324	0.0618	0.1705	0.0735	0.0156	0.1003	0.5563	0.0445	0.8117
2010 年	14475	0.1628	0.1481	0.0976	0.0463	0.0787	0.1837	0.0830	0.0126	0.1120	0.5607	0.0492	0.7563
2009 年	11943	0.1768	0.1108	0.1037	0.0421	0.0448	0.1689	0.0569	0.0088	0.0768	0.5506	0.0345	0.6335
2008 年	10387	0.2562	0.3852	0.0932	0.0621	0.0258	0.1632	0.0618	0.0089	0.0806	0.5399	0.0371	0.7291
深圳													
2015 年	19801	0.2153	0.2364	0.0977	0.0554	0.0684	0.2313	0.0637	0.0102	0.1021	0.6378	0.0370	0.5031
2014 年	16409	0.2332	0.2521	0.0996	0.0565	0.0772	0.2312	0.0662	0.0090	0.1080	0.6472	0.0381	0.5431
2013 年	15588	0.2358	0.1743	0.1015	0.0554	0.0778	0.2344	0.0738	0.0079	0.1179	0.6481	0.0415	0.5358
2012 年	13839	0.2527	0.2092	0.1073	0.0576	0.0716	0.2430	0.0622	0.0068	0.1011	0.6435	0.0361	0.5355
2011 年	12049	0.2223	0.1452	0.1087	0.0616	0.0936	0.2473	0.0711	0.0058	0.1149	0.6211	0.0435	0.5742
2010 年	10948	0.1950	0.1262	0.1042	0.0646	0.1044	0.2448	0.0820	0.0048	0.1293	0.5966	0.0522	0.5988
2009 年	8044	0.1944	0.1416	0.1154	0.0706	0.0873	0.2656	0.0764	0.0034	0.1181	0.5834	0.0492	0.5678
2008 年	5488	0.1752	0.0847	0.1125	0.0658	0.0813	0.2507	0.0625	0.0029	0.1018	0.5738	0.0434	0.6242

续表

地区	人工成本（元/人）	所得税率	税费率	期间运营成本	融资成本	净资产收益率 a	毛利率	投入资本回报率（ROIC）	劳动生产率（亿元/人）	净资产收益率 b	资产负债率	总资产收益率	资产周转率
天津													
2015 年	30803	0.1778	0.2001	0.0857	0.0487	0.0164	0.1492	0.0343	0.0198	0.0616	0.5599	0.0271	0.4869
2014 年	33348	0.1349	0.1692	0.0696	0.0479	0.0650	0.1533	0.0524	0.0239	0.0942	0.5724	0.0403	0.6294
2013 年	37191	0.1805	0.0632	0.0684	0.0368	0.0335	0.1271	0.0530	0.0217	0.1047	0.6195	0.0398	0.6200
2012 年	38458	0.4487	0.0791	0.0687	0.0420	0.0042	0.1125	0.0136	0.0197	0.0274	0.6303	0.0101	0.6079
2011 年	41052	0.6603	0.2448	0.0700	0.0289	-0.012	0.0975	0.0062	0.0174	0.0116	0.6042	0.0046	0.5909
2010 年	40998	0.1576	0.0765	0.0722	0.0468	0.0868	0.1975	0.0659	0.0134	0.1118	0.5607	0.0491	0.5067
2009 年	34195	0.6964	0.5688	0.0816	0.0435	-0.038	0.1227	0.0039	0.0108	0.0070	0.5811	0.0029	0.4529
2008 年	26551	0.1749	0.0700	0.0572	0.0548	0.1761	0.2358	0.0939	0.0143	0.1500	0.5291	0.0706	0.6769

注：净资产收益率 b 与净资产收益率 a 计算公式分母都为当年所有者权益，前者分子为扣除非经常性损益后的净利润，后者分子为净利润。

资料来源：Wind 资讯。

平均扣除非经常性损益后净资产收益率为 4.8%，上海、深圳、青岛、宁波高于全国平均水平，而厦门、大连、天津和北京低于全国平均水平。

第七，厦门上市公司杠杆率较高。虽然自 2008 年以来厦门上市公司杠杆率缓慢下降，但 2015 年杠杆率仍高于全国平均水平，债务负担较重并且产业结构重资产特征明显。

概而言之，厦门的成本方面包括人工、税费、融资、运营成本不仅高于全国平均水平也高于其他部分先进城市，毛利率、投入资本回报率和净资产收益率却表现平平甚至低于全国平均水平。因此，在成本费用不断上涨过程中，如实现收益和效率的增长必须依赖于创新投入和资源配置效率的提高，那么阻碍厦门创新投入和效益增长的根源是什么？下文我们将从融资成本这一视角切入，分析不同所有制企业由于融资成本差异化安排导致国有企业强大的"虹吸效应"而带来的资源错配和民营企业创新投入不足问题。

2. "虹吸效应"的资源错配效应分析——基于不同所有制上市公司的观察

在上文经验分析中，我们发现厦门在过去几年中包括融资成本、人工成本、税费率、运营成本都经历了上升趋势，成本水平不仅高于全国平均水平而且在与其他 7 个城市对比中也表现非常"显眼"，进而造成厦门上市公司的创值能力和创新能力不仅低于国内其他 7 个先进城市，还低于全国平均水平。那么究竟是什么原因造成厦门上市公司创值能力和创新能力低下，我们这里尝试从不同所有制企业融资成本差异视角进行解释。从所有制融资便利获得差异视角出发，制度性因素所造成的不同所有制企业间融资成本差异对我国企业生存与创新发展至关重要，这在国内外研究中已经获得证实。我国民营企业受到融资歧视，相对于国有企业的融资能力差异已经达到了令人震惊的程度，严重阻碍了 R&D 资金的合理配置。然而，作为受到融资偏爱的一方，首先，国有企业具有优先获得银行信贷且享受着较低利率的先天优势；其次，国有企业与政府和其他国有企业之间更为密切的联系以及彼此之间的信用背书所具有的信息对称优势使国有企业在获取资金上更加便利，地方政府有很强的动机通过干预银行的信贷决策给国有企业提供贷款支持就是表现之一。虽然国有企业有融资成本的便利优势，却没转化为较强的创新和转型能力，国有企业与民营企业在研发动力和效率方面的差异也为很多文献所证实，国有企业研发效率的低下饱受诟病。

显然，不同所有制企业间存在的融资能力差异将会对上市公司的行为产生重要影响，国有企业可能由于低融资成本产生的资源错配效应，挤压民营企业创新研发投入，导致民营企业转型升级困难，而国有企业却能在得到大量贷款后规模扩张，造成无效投资和产能过剩，严重影响了地区产出质量和创新步伐，使上市公司利润下降和产业转型停滞。观察图 3，我们绘制了部分不同地区不同类型所有制企业的分布情况，从中我们发现深圳等地净资产收益率超越全国平均水平，其民营企业分布远远高于全国平均水平和其他地区，而北京和上海由于是中央国有企业和地方国有企业聚集地，较高的国有企业分布影响了整体创值能力提高，厦门由于民营企业比重较低和国有企业比重相对较高，整体 ROE 水平较低，2015 年厦门扣除非经常性损益后计算的 ROE 只有 3.2%，低于全国平均水平。

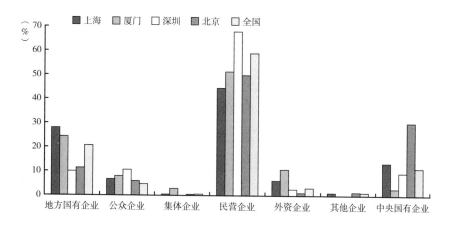

图 3　不同地区不同类型所有制企业占企业总量的比重分布情况

那么国有企业和民营企业的融资费用是否差异较为明显？表2根据2015年上市公司年报中披露的财务费用和有息负债数据计算了不同地区不同所有制上市公司的融资成本。由于 Wind 数据库中公众企业代表股权分散没有实际控制人的企业，我们也可以将其归类为民营企业，不过这类企业数量稀少，构不成民营企业主体。其中的两个现象引人注目，第一，总体而言，民营企业的融资成本处于较高水平，一般高于地方国有企业或中央国有企业的融资成本。深圳可能由于民营经济发达以及资本市场建设完善、融资渠道较多，民营企业和公众企业的融资成本率低于国有企业。第二，虽然2015年厦门上市公司融资成本达到6.2%，但厦门中央企业和地方国有企业的融资成本为2.7%和5.8%，显著低于平均水平，而民营企业融资成本却达到8.1%，一低一高的显著差异反映了国企和民企遭遇不同的融资安排。这也就能够部分解释厦门上市公司较差的创值能力和创新能力——国有企业低融资成本产生的资源错配效应不仅导致了传统产业产能过剩、经营效率下降，而且使创新能力较强的民营企业面临高融资成本所致的产业升级困难问题。

表 2　2015 年不同地区不同所有制企业融资成本率

所有制类型	北京市	上海市	天津市	深圳市	厦门市	宁波市	青岛市	大连市
地方国有企业	0.0406	0.0965	0.0403	0.0788	0.0581	0.0263	0.0247	0.0855
公众企业	−0.1351	0.0165	—	0.0247	−0.0492	0.0660	—	0.0015
集体企业	0.1791	0.0568	—		0.0508	—	0.0518	—
民营企业	0.0629	0.0860	0.2591	0.0665	0.0814	0.0470	0.0903	0.0506
外资企业	0.0577	0.0511	0.0941	0.0509	0.0237	0.2456		
其他企业	−0.0835	0.2293	0.0086	—	—	—	—	0.0276
中央国有企业	0.0545	0.0639	0.0447	0.1034	0.0268	0.0546	0.0757	0.0476

资料来源：Wind 金融资讯。

为了分析国有企业集中的资源错配效应，我们这里简单建立一个两部门模型进行分析。假定市场中存在由不同部门生产的两种产品，分别由民营部门 y 和国有部门 x 进行生产，为了处理方便，假设每个部门产品生产只由劳动力构成，两部分的劳动力总和为 $\bar{L}$，消费者的效用表示为 CES 函数：

$$U(x,y) = (\alpha x^\rho + \beta y^\rho)^{1/\rho}$$

民营部门的生产函数 y 和国有部门的生产函数 x 分别为：

$$y = A_y L_y \; ; \; x = A_x L_x$$

两部门的劳动力总和为经济中就业人口总和，其中 u 为失业率，换言之除去失业人口外其他劳动力都在两部分实现了就业。

$$L_x + L_y = (1 - u)\bar{L}$$

国有部门和民营部门都是完全竞争市场，但由于融资成本扭曲导致两部分的最优解存在不同，具体体现在：两部门融资成本存在显著差异。国有企业由于受政府隐性担保，在规避风险情况下获得银行等部门的贷款不仅数量可观而且利率优惠，而民营企业往往需要付出较高的利率来获得融资，这就使民营企业的融资成本率 τ_y 显著大于国有企业的融资成本率 τ_x。现实中，国有企业用人由于受劳动法、最低工资等制度限制，报酬中除包括基本工资、绩效工资及养老保险、工伤保险、生育保险等五险一金外，还通常附带养老、教育等一系列隐性福利，而民营企业劳动力人力资本储备较低，劳动力水平较低，实际工资水平低于国有部门，$w_y = w_x(1 - \mu)$，楔子 μ 正是两部门工资差异的集中体现。在厂商利润最大化条件下，可以得出每部门的工资等于每部门工人的边际产出：

$$p_y(1 - \tau_y)A_y = w_y = w_x(1 - \mu)$$
$$p_x(1 - \tau_x)A_x = w_x$$

在消费者端，同样适用拉格朗日乘数法可以得出消费者的最优化条件为：

$$\frac{U_y}{U_x} = \frac{p_y}{p_x}$$
$$w_y = w_x(1 - \mu)$$

将上述各个条件进行合并整理，推导出两部门资源配置的最优条件：

$$\frac{L_x^*}{L_y^*} = \left[\frac{\alpha}{\beta} \times \frac{1 - \tau_x}{1 - \tau_y} \times (1 - \mu) \right]^{\frac{1}{1-\rho}} \left[\frac{A_x}{A_y} \right]^{\frac{\rho}{1-\rho}}$$

根据上述最优条件我们可以得出如下结论：由于融资成本的不同，资本过度向国有部门集中，国有企业利用自己的低融资成本优势造成了经济资源错配。在现行的融资体制下，民营企业因企业规模和信用能力方面的劣势而面临融资的"硬约束"，即民营企业在正常的金融体系中往往面临极其高昂的融资成本，甚至在付出高昂代价的情况下依然无法获得所需要的资金。虽然融资歧视造成的国有企业低成本融资优惠对于其扩大研发使产品内部的技术层级具有一定的提升效果，但国有企业在低成本融资优惠下的低效率和短视行为将会对其在低融资成本优势下的产品结构升级产生抵消作用，为此我们必须对这种国有企业的低成本融资优势所带来的创新能力进行评价，比较分析国有企业和民营企业不同的创新能力，并研究较高的融资成本和不同融资待遇对民营企业和整体经济转型升级的影响。

三　厦门市上市公司创新能力分解与评估

上文我们对厦门市成本变化和效率进行了横向对比和纵向比较，结果发现厦门虽然在金融危机后降成本方面取得了一些成绩，但厦门上市公司成本费用率仍显著高于国内平均水平和部分国内其他先进城市水平，进而导致资产回报率不仅低于全国平均水平也低于国内其他先进城市水平。此外，我们通过分所有制融资成本对比发现厦门国有企业过低的融资成本对民营企业可能产生的"虹吸效应"挤压了民营企业创新和发展的空间。因此，虽然国企可以以低成本融资的优势扩大研发投资，但国有企业的短期行为可能使研发效率大打折扣，加剧了产能过剩和阻碍了民营企业创新升级。那么，在成本大幅上升的情形下，厦门哪些行业上市公司通过创新实现了成本费用的下降，使企业的经营效益不断提高？进一步地比较不同所有制企业的营业成本率变化，在国有企业经营绩效普遍不佳和民营企业经营乏善可陈的情况下，通过从融资成本变化视角发现造成上述困境的原因，民营企业过高的融资成本影响了企业创新和升级，而国有企业较低的融资成本更可能造成资源错配和产能过剩，从而得出未来需要给予民营企业更加公平的市场环境和更加公平的融资安排，在助力民营企业技术创新的同时不断降低国有企业的软约束弊病。

如何衡量企业的技术进步？一般而言，企业技术进步可以提高收入或者降低成本，从而实现利润的上升。随着互联网技术的发展，使用机器人代替劳动力或依据"长尾理论"可以实现企业运营成本、原材料成本、物流成本以及监管成本、代理成本等隐性成本的降低，因此在上文分析各地成本费用上升的基础上，我们使用由互联网技术应用所致的成本费用率下降来表征企业的技术进步具有一定的合理性和科学性。我们用营业成本与营业收入之比来衡量上市公司的营业成本率，若二者之比下降说明企业运用技术进步实现成本下降的能力较强，若上升说明企业没有很好地通过技术进步实现成本费用的下降。我们将使用指数分解方法对营业成本率变化所带来的产业结构变迁效应和技术进步效应进行分解，比较分析厦门和其他 7 市 2008 年金融危机以来不同产业不同所有制上市公司的创新能力。

1. 创新能力分解方法介绍

我们使用上市公司利润表中的营业收入和营业成本原始数据来实现营业成本率的分解，并用营业成本率来反映上市公司的创新能力，这种创新能力的获得依赖于产业结构所带来的资源配置效率提高和技术进步所带来的创新能力增强。我们设定 i 地区 j 行业 t 时

期的营业收入为 Y_{it}^j，则 i 地区的营业收入为所有 j 行业的加总 $Y_{it} = \sum_{j=1}^{j} Y_{it}^j$，定义 i 地区 j 行业 t 时期的营业成本为 fc_{it}^j，地区加总营业成本为 $fc_{it} = \sum_{j=1}^{j} fc_{it}^j$，所以 i 地区 t 时期的营业成本率为 $f_{it} = fc_{it}/Y_{it}$。为简便起见，将全国视为一个特殊的"地区" A，则 f_{At}^j 和 Y_{At}^j 分别为全国 j 行业 t 时期的营业成本和营业收入，全国 t 时期加总的营业成本和营业收入为 f_{At} 和 Y_{At}。

首先，我们构造产业结构指数。行业 j 在地区 i 工业总产值中占比即：$s_{it}^j = Y_{it}^j/Y_{it}$。其次，考虑到融资成本因行业不同而存在差异，选定行业 j 在基期（$t = 0$）全国平均营业成本指数 $f_{A0}^j = fc_{A0}^j/Y_{A0}^j$ 为基准权重。我们定义地区 i 的产业结构指数如下：

$$str_{it} = \sum_{j=1}^{j} (s_{it}^j \times f_{A0}^j) = \frac{\sum_{j=1}^{j} (fc_{A0}^j Y_{it}^j/Y_{A0}^j)}{Y_{it}}$$

该方法实际上相当于对地区各产业比重以基期各产业的全国平均营业成本率为权重进行加总，str 值越低，表明地区通过产业结构调整实现了营业成本率的降低，表明该地区上市公司的成本控制能力得到增强，成本控制能力在中国目前各项成本上升的情形下能够得到加强主要是由于行业采用了新技术、新工艺、新管理，上市公司的资源配置效率和创新能力得到增强，从而实现行业结构向着成本降低、利润增加的方向转变。反之，若 str 值越高，则表明该地区产业结构在不断恶化，营业成本率高的产业越来越多，相应地该地区行业亏损的概率也在增长。

其次，我们构造技术进步指数。从动态发展的角度来看，我们可以将行业 j 在基期时全国平均的营业成本率 fc_{A0}^j 视为一个基准，而一个地区 j 产业内技术进步指数则可以由该基准值与该地区在时

期 t 的行业营业收入的乘积即 fc 的理论值 $\overline{fc_{it}^j}$（即 $\overline{fc_{it}^j} = f_{A0}^j \times Y_{it}^j$）来表示。进一步，我们可以通过加总该地区各行业的营业成本理论值得到地区 i 的理论营业成本为 $\overline{fc_{it}} = \sum_{j=1}^{j} \overline{fc_{it}^j}$，将地区实际营业成本与该理论值之比定义为地区的产业技术进步指标：

$$H_{it} = \frac{fc_{it}}{\overline{fc_{it}}} = \frac{fc_{it}}{\sum_{j=1}^{j}(fc_{A0}^j Y_{it}^j / Y_{A0}^j)}$$

H 越低，表明该地区的技术进步越高。如果该指标小于 1，则表明该地区现实产业层级的实际营业成本大于参考的产业层级的营业成本，即该地区的现实产业技术进步要高于参考水平。由于 H 所应用的产业参考系为基期的全国平均产业水平，因此它体现了相关地区的产业技术进步相对于基期全国平均产业技术层级的升级程度。这种技术进步指数可进一步细分为两个方面，一是地区相对技术超越指数。地区科技进步所导致的区域内平均产业内技术进步指数上升，譬如产业技术进步使消化吸收成本的能力升高，化解了营业成本不断上升的冲击，实现了该地区技术的相对超越。二是行业总体技术。即在保持地区自身产业结构不变情况下，全国总体营业成本下降对该地区营业成本下降的影响程度。将上述技术进步指数进一步分解：

$$H_{it} = \frac{fc_{it}}{\sum_{j=1}^{j}(fc_{At}^j Y_{it}^j / Y_{At}^j)} \frac{\sum_{j=1}^{j}(fc_{At}^j Y_{it}^j / Y_{At}^j)}{\sum_{j=1}^{j}(fc_{A0}^j Y_{it}^j / Y_{A0}^j)}$$

$$\text{其中 } RN = \frac{fc_{it}}{\sum_{j=1}^{j}(fc_{At}^j Y_{it}^j / Y_{At}^j)}, WN = \frac{\sum_{j=1}^{j}(fc_{At}^j Y_{it}^j / Y_{At}^j)}{\sum_{j=1}^{j}(fc_{A0}^j Y_{it}^j / Y_{A0}^j)}。$$

前者代表了地区 i 的产业技术进步与同时期全国平均水平相比的先进程度，若其小于 1 意味着该地区的产业技术进步高于全国同期的平均水平，反之若其大于 1 则表明该地区的产业技术进步低于全国同期平均水平。WN 则代表在保持地区的产值与结构均不变的情况下，由全国技术参考系本身的变化所导致的产业技术进步的变化，即行业总体技术进步所带来的地区营业成本率的不断下降。WN > 1 表明行业总体的技术进步在下降，行业无法消化吸收不断高升的营业成本；反之，如果 WN < 1 则表明行业总体的技术进步在加快，行业能够吸收不断高企的营业成本而使行业利润率保持在较高水平。

将上述式子相乘可以得到地区营业成本的分解指数：

$$f_{it} = \frac{fc_{it}}{Y_{it}} = str_{it} \times H_{it} = str_{it} \times RN_{it} \times WN_{it}$$

上式意味着地区 i 在时期 t 的营业成本率下降源自两个方面因素，一是产业结构调整所带来的资源配置效率提高，二是地区产业技术进步的加快，后者可以进一步分解为地区相对全国基准的技术进步的深化和全国整体产业链技术升级的加快。

2. 厦门上市公司创新能力分解分析

使用上述指数分解方法，并使用 2008 年和 2015 年 8 个地区的上市公司营业成本和营业收入数据对营业成本率进行了分解，结果详见表 3。其中营业成本率就是营业成本和营业收入的比值，目的是先对各地上市公司整体创新能力有一个直观的认识。str 为产业结构指数，H 为技术进步指数，RN 为地区技术相对超越指数，WN 为行业技术进步指数。

表 3 中营业成本率两列首先计算了 2015 年和 2008 年不同地区的总体营业成本率。我们发现深圳、青岛、宁波、北京的上市公司创新能力居于前列，通过创新实现了成本费用的下降。而厦门2015 年营业成本占营业收入的比重达到 90.1%，所以根据利润表

表 3　创新能力（营业成本率）分解

地区	营业成本率		产业结构指数		技术进步指数		地区技术相对超越指数		行业技术进步指数	
	2015 年	2008 年	2015 年	2008 年	2015 年	2008 年	2015 年	2008 年	2015 年	2008 年
北京市	0.803	0.817	0.820	0.809	0.979	1.011	0.991	1.011	0.988	1.000
大连市	0.819	0.817	0.861	0.854	0.952	0.957	0.992	0.957	0.959	1.000
宁波市	0.777	0.795	0.817	0.818	0.950	0.972	0.958	0.972	0.992	1.000
青岛市	0.727	0.766	0.833	0.832	0.872	0.920	0.906	0.920	0.962	1.000
厦门市	0.901	0.899	0.848	0.854	1.062	1.053	1.045	1.053	1.017	1.000
上海市	0.835	0.837	0.796	0.805	1.048	1.039	1.056	1.039	0.993	1.000
深圳市	0.769	0.749	0.781	0.801	0.984	0.935	0.977	0.935	1.007	1.000
天津市	0.851	0.764	0.814	0.791	1.046	0.966	1.046	0.966	1.000	1.000

核算常识，厦门上市公司的创值能力极弱。营业成本率可以进一步分解为产业结构指数与技术进步指数乘积，从中可以发现成本费用下降是产业结构调整所致还是技术进步而为。从产业结构指数看，总体而言，指数越小代表结构越优，因此深圳仍然是中国产业结构优化升级的代表。从趋势看，2008 ~ 2005 年深圳、上海、宁波、厦门产业结构指数不断优化，说明产业结构调整提高了资源配置效率，带动上市公司的运营效率不断上升。而北京、天津、大连和青岛的产业结构指数明显上升，说明上述地区没能通过产业结构调整实现创新能力的提高。从技术进步指数看，厦门、天津、上海三地的技术进步指数从 2008 年以来实现了不断上升并且大于 1，说明技术进步尚无法消化成本快速上升的负面影响。北京、大连、青岛、宁波、深圳等地 2015 年技术进步指数小于 1，说明这些地区在一定程度上通过技术进步实现了本地营业成本率上升低于全国基准水平（毛利率上升高于全国基准水平），技术创新能力较强。那

么是何种原因导致这些地区迥异的创新能力呢？我们发现 2015 年天津、厦门两地的地区技术相对超越指数和行业技术进步指数都大于 1，这意味着相对于全国基准水平，这些地区的技术进步并没有深化，产业链技术升级步伐偏慢，深圳的行业技术进步指数小于 1 主要得益于地区技术相对超越指数的上升，上海的行业技术进步指数减弱主要是由于地区技术弱于全国基准技术进步，北京、大连、青岛和宁波四地的地区技术相对超越指数和行业技术进步指数都小于 1，说明上述地区技术进步的增强不仅得益于地区技术进步上升，也来源于全国行业总体技术进步所带来的成本费用降低，上述结论和表 1 中关于成本和收益、创新的比较分析基本一致。上述指数加总了各个行业的营业成本率，那么若能将行业单列则可以看出各个地区不同行业营业成本率变化，从中也能发现各地区不同行业经营绩效和创新能力。表 4 列示了 2008 年和 2015 年 8 地不同行业的营业成本率变化，表中列示了服务业（除金融业上市公司）、制造业、建筑业、采矿业和农、林、牧、渔业等国标行业分类，统计年鉴中通常也按此标准对行业进行分类。从制造业大类看，除大连外，其他 7 个地区的制造业营业成本率 2008 年以来都有所下降，北京和上海服务业发展较为充分的地区其制造业营业成本率都在 80% 以上，说明制造业利润空间已经不大。公共服务类上市公司，如电力、热力、燃气及水生产和供应业，水利、环境和公共设施管理业以及文化、体育和娱乐业等管制较多、竞争性较差的上市公司经营绩效普遍居各地前列，毛利率普遍在 30% 以上[①]，生产性服务

---

① 营业成本率＝营业成本/营业收入，毛利率＝1－营业成本/营业收入，因此 1 减营业成本率即为该行业的毛利率。

业中教育，科学研究和技术服务业，信息传输、软件和信息技术服务业等行业上市公司普遍表现良好，而交通运输、仓储和邮政业，租赁和商务服务业以及批发和零售业等行业上市公司表现一般，住宿和餐饮业等刚性需求服务行业也表现不俗。因此，虽然总体而言各地服务业上市公司规模在不断壮大，但服务业内部分化较大，生产性服务业上市公司表现优异，而一般性服务业企业利润空间却在不断缩小，制造业在成本费用上升背景下也实现了毛利率上升但空间有限。所以，从市场表现也能发现，未来经济转型和生产率提高的关键，主要体现在科教文卫以及信息技术等现代服务业上市公司创新能力的不断增强。

从 Wind 数据库中我们还发现科教文卫以及信息技术等现代服务业上市公司通常集中于民营企业这个板块，国有企业主要集中在制造业、能源、建筑、房地产等行业。因此，我们分所有制比较下各地区上市公司的营业成本率，更能验证民营企业这一板块的毛利率和创新能力是否显著大于国有企业。

表 5 的计算结果根据 Wind 数据库中对上市公司属性这一指标对各地上市企业的所有制进行划分，其中公众企业可视为没有实际控制人、股权极为分散的民营企业，中央国有企业是指大股东或实际控制人为国务院国资委、中央国家机关或中央国有企事业单位，地方国有企业的大股东或实际控制人为地方国资委、地方各级政府部门或地方国有企事业单位，外资企业又分为中外合资企业和外商独资企业。根据表 5 的计算结果，可以得出各地民营企业或公众企业的营业成本率显著低于各地中央国有企业或地方国有企业，国有企业毛利率普遍低于 20%，例如厦门地方国有企业毛利率不足 10%，若扣除财务费用、销售费用和管理费用等期间费用后，基本

表 4 不同地区不同行业营业成本率变化

行业	北京		上海		天津		深圳		厦门		宁波		青岛		大连	
	2015 年	2008 年	2015 年	2008 年	2015 年	2008 年	2015 年	2008 年	2015 年	2008 年	2015 年	2008 年	2015 年	2008 年	2015 年	2008 年
采矿业	0.769	0.782	0.835	0.689	0.767	0.711	—	—	0.921	0.776	—	—	—	—	—	—
电力,热力,燃气及水生产和供应业	0.638	0.864	0.845	0.934	0.702	0.581	0.719	0.826	—	—	0.870	0.920	—	—	0.688	0.887
房地产业	0.633	0.599	0.806	0.690	0.685	0.689	0.691	0.599	—	—	0.668	0.656	—	—	0.783	0.579
建筑业	0.874	0.887	0.900	0.930	—	—	0.810	0.860	—	—	0.899	0.894	—	—	—	—
交通运输、仓储和邮政业	0.772	0.915	0.818	0.841	0.928	0.776	0.763	0.670	0.890	0.816	0.753	0.485	—	—	0.865	0.636
教育	0.427	—	0.605	0.823	—	—	—	—	0.359	0.724	—	—	—	—	—	—
科学研究和技术服务业	0.755	0.774	0.808	0.781	0.619	0.414	0.459	0.319	0.596	0.712	0.772	—	—	—	0.784	0.778
农、林、牧、渔业	0.925	0.846	0.773	0.598	—	—	—	—	—	—	—	—	—	—	—	—
批发和零售业	0.882	0.915	0.884	0.890	0.937	0.845	0.897	0.834	0.919	0.932	0.818	0.863	—	—	0.872	0.819

续表

行业	北京		上海		天津		深圳		厦门		宁波		青岛		大连	
	2015年	2008年	2015年	2008年	2015年	2008年	2015年	2008年	2015年	2008年	2015年	2008年	2015年	2008年	2015年	2008年
水利、环境和公共设施管理业	0.635	0.649	0.645	0.790	—	—	0.469	0.525	—	—	—	—	—	—	0.452	0.524
文化、体育和娱乐业	0.700	0.621	0.646	0.737	—	—	—	—	—	—	—	—	0.627	0.846	—	—
信息传输、软件和信息技术服务业	0.634	0.610	0.753	0.640	—	—	0.691	0.675	0.325	0.448	—	—	0.412	0.342	0.312	0.819
制造业	0.805	0.836	0.849	0.877	0.698	0.768	0.776	0.781	0.787	0.849	0.743	0.831	0.731	0.764	0.799	0.770
住宿和餐饮业	0.315	0.509	0.089	0.313	—	—	0.219	0.218	—	—	—	—	—	—	—	—
综合	0.577	0.603	0.690	0.468	0.902	0.749	0.666	0.632	0.774	0.000	—	—	—	—	0.884	0.799
租赁和商务服务业	0.788	0.775	0.894	0.869	—	—	0.946	0.837	0.962	0.953	0.874	0.875	—	—	—	—

表 5　不同所有制上市公司营业成本率对比

类型	北京 2015年	北京 2008年	上海 2015年	上海 2008年	天津 2015年	天津 2008年	深圳 2015年	深圳 2008年	厦门 2015年	厦门 2008年	宁波 2015年	宁波 2008年	青岛 2015年	青岛 2008年	大连 2015年	大连 2008年
地方国有企业	0.735	0.788	0.859	0.843	0.787	0.738	0.778	0.758	0.919	0.912	0.754	0.572	0.733	0.743	0.821	0.809
公众企业	0.690	0.748	0.831	0.659	—	—	0.719	0.714	0.713	0.516	0.883	0.916	—	—	0.785	0.806
集体企业	0.734	—	0.831	—	—	—	—	—	0.598	0.693	—	—	0.720	0.769	—	—
民营企业	0.673	0.647	0.734	0.766	0.609	0.660	0.810	0.768	0.777	0.816	0.764	0.807	0.732	0.812	0.892	0.772
其他企业	0.757	0.803	0.793	0.842	0.806	1.050	—	—	—	—	—	—	—	—	0.783	0.579
外资企业	0.578	0.629	0.746	0.847	0.518	—	0.591	0.600	0.629	—	0.769	0.776	—	—	—	—
中央国有企业	0.811	0.821	0.820	0.841	0.907	0.772	0.773	0.795	0.359	0.724	0.874	0.875	0.726	1.095	0.716	0.860

上处于亏损状态。而民营企业毛利率普遍在 25% 以上，北京、天津等地甚至达到 30% ~ 40%，民营企业的成本费用控制能力、创新能力显著高于国有企业。

四　融资成本对创新升级的影响分析

上文我们根据营业成本率（毛利率）这一指标对厦门上市公司的创新能力进了分解与评估，结果发现厦门上市公司在朝着结构优化方面发展，但由于技术创新能力较差降低了上市公司利润空间，造成厦门企业整体运行情况不佳，ROE、ROA、毛利率、劳动生产率以及资本投入回报率与全国平均水平和其他先进城市相比都处于劣势地位。进一步地，我们还比较了厦门不同所有制上市公司的营业成本率变化，地方国有企业毛利率已经低于 10%，而民营企业毛利率保持在 25% 以上，创新能力比较一目了然。从利润表结构可知，从毛利到净利润中间还要经过销售费用、管理费用和财务费用以及营业外收支等一系列中间环节，若这些中间环节费用率较高也势必影响民营企业的创新投入，由于营业外收支具有偶然性或与经营活动无关，暂不列入讨论范围，那么降低三个期间费用对于企业净利润就有重要的影响。根据表 1 的计算结果，销售费用和管理费用近年来占营业收入的比重变化不大，厦门等地还有下降，因此民营企业要保持较高的创新投入还必须依赖于（财务费用）融资成本的降低，为此本节主要研究厦门不同所有制行业的融资成本差异，我们发现国有企业较低的融资成本和民营企业较高的融资成本不仅加剧了第二节所述的资源错配、产能过剩，同时还压制了民营企业创新投入，造成产能过剩和创新匮乏并存的局面。

表 6 中所有制改革指数依据第三部分指数分解方法中产业结构指数计算，只不过这里不再按产业分类而是按照所有制分类，由于该指数固定了基期全国平均融资成本率，若指数从 2008 年到 2015 年实现了上升那么就说明国有企业占比增大（通常国有企业规模远大于民营企业）。因此，从 2008 年到 2015 年，除宁波外，其他地区国有企业规模都不同程度地增加，总体呈现"国进民退"的现象。从融资成本率看，2015 年厦门融资成本率高达 6.15%，比其他城市融资成本都高，融资成本率较低的分别为青岛和宁波。2008 年到 2015 年的变化趋势中，北京、宁波、青岛、上海、深圳和天津等地融资成本都在缓慢下降，厦门和大连融资成本却在不断增加。北京、大连、厦门、上海和天津 2015 年融资成本已经高于扣除非经常性损益后的 ROE，企业的融资成本高出自身的利润率，企业经营大致呈成本高、融资贵、利润薄状态，企业利润率已经无法覆盖债务增长。

表 6　基于不同所有制的融资成本率分解

地区	融资成本率		所有制改革指数	
	2015 年	2008 年	2015 年	2008 年
北京市	0.0543	0.0557	0.0564	0.0534
大连市	0.0514	0.0408	0.0629	0.0547
宁波市	0.0424	0.0865	0.0987	0.1015
青岛市	0.0169	0.2318	0.2159	− 0.0019
厦门市	0.0615	0.0548	0.0861	0.0842
上海市	0.0549	0.0620	0.0673	0.0565
深圳市	0.0554	0.0658	0.0832	0.0813
天津市	0.0487	0.0548	0.0747	0.0648

民营企业毛利率虽然保持在较高水平，但若融资成本较高将会挤压创新投入的空间。表7列示了不同所有制企业融资成本率，与毛利率发展趋势形成鲜明对比，民营企业或公众企业的融资成本率普遍高于中央或地方国有企业，以厦门为例，2015年地方国企、中央国企和民营企业的融资成本分别为5.8%、2.7%和8.1%，民营企业融资难、融资贵问题可见一斑，因此对民营企业而言，尽管其具有较高的创新意愿，但融资成本过高，会对其总体的研发活动产生明显抑制作用。国有企业获得了较低成本的资金，无形中降低了产品成本，国有企业依靠政府福利所获得的收益，反而会在一定程度上替代和挤出社会创新活动，这会导致社会企业创新动力不足，且资金使用效率较差，规模扩张并没有带来效率改善而是产能过剩、负债率攀升。显然，融资成本差异过大会导致厦门上市公司整体研发动力不足和创新能力低下。与此形成对比的是，深圳由于在民营企业降低融资成本方面所做的努力，其民营企业融资成本与国有企业融资成本基本一致甚至偏低，推动产业结构调整优化升级，产业结构明显优化，现代服务业与先进制造业不断融合发展，实现了第二产业和第三产业良性互动，现代服务业和高端服务业呈现领跑全国态势。表8还列示了不同行业的融资成本率作为参考，在此不展开详细论述。

五　政策建议

国有企业以较低的成本获得融资，不仅影响资源的公平有效配置，还在总体上造成企业创新投入不足和创新能力低下，因此厦门要实现中央提出的大众创业、万众创新和"三去一降一补"总目

表7 不同地区不同所有制企业融资成本率变化

所有制	北京 2015年	北京 2008年	上海 2015年	上海 2008年	天津 2015年	天津 2008年	深圳 2015年	深圳 2008年	厦门 2015年	厦门 2008年	宁波 2015年	宁波 2008年	青岛 2015年	青岛 2008年	大连 2015年	大连 2008年
地方国有企业	0.0406	0.0591	0.0965	0.1502	0.0403	0.0583	0.0788	0.0703	0.0581	0.0413	0.0263	0.0691	0.0247	0.1758	0.0855	0.0564
公众企业	−0.1351	−0.1607	0.0165	0.3765	—	—	0.0247	0.0596	−0.0492	−0.3257	0.0660	0.1460	—	—	0.0015	0.7238
集体企业	0.1791	—	0.0568	—	—	—	—	—	0.0508	−0.0307	—	—	0.0518	−0.0822	—	—
民营企业	0.0629	0.7479	0.0860	0.1637	0.2591	0.1639	0.0665	0.1013	0.0814	0.3195	0.0470	0.0855	0.0903	0.0593	0.0506	0.0978
其他企业	−0.0835	−0.0345	0.2293	0.0847	0.0086	0.0652	—	—	—	—	—	—	—	—	0.0276	0.0316
外资企业	0.0577	0.0191	0.0511	0.5590	0.0941	—	0.0509	0.0481	0.0237	—	0.2456	0.0716	—	—	—	—
中央国有企业	0.0545	0.0549	0.0639	0.0360	0.0447	0.0490	0.1034	0.0427	0.0268	0.0125	0.0546	−0.0173	0.0757	0.0998	0.0476	0.0327

表 8　各地区不同行业融资成本比较

行业	北京		上海		天津		深圳		厦门		宁波		青岛		大连	
	2015 年	2008 年	2015 年	2008 年	2015 年	2008 年	2015 年	2008 年	2015 年	2008 年	2015 年	2008 年	2015 年	2008 年	2015 年	2008 年
采矿业	0.0512	0.0473	0.0654	0.1644	0.0214	0.0207	—	—	0.0841	0.0819	—	—	—	—	—	—
电力、热力、燃气及水生产和供应业	0.0461	0.0405	0.0672	0.0640	0.1769	0.0786	0.0556	0.0640	—	—	0.0058	-0.9913	—	—	0.0479	0.0320
房地产业	0.0202	0.0201	0.0225	0.0723	0.0132	0.0273	0.0369	0.0382	0.0268	0.0125	0.0252	0.0641	—	—	0.0276	0.0316
建筑业	0.0538	0.1275	-2.1599	-0.1244	—	—	0.1091	0.0745	—	—	0.0551	0.1001	—	—	—	—
交通运输、仓储和邮政业	0.1255	0.0067	0.0797	0.0324	0.0528	0.2231	-0.1869	0.0322	0.0366	-0.3220	0.0503	0.0687	—	—	0.0770	0.1080
教育	-0.0110	—	-0.0425	0.1026	—	—	—	—	—	—	—	—	—	—	—	—
科学研究和技术服务业	-0.0582	-0.0028	0.0039	0.0071	0.0107	0.0025	-0.0037	-3.1740	-0.0182	0.1364	0.0053	—	—	—	0.1577	-0.0722
农、林、牧、渔业	-0.0025	-0.0017	0.0878	0.2700	—	—	—	—	—	—	—	—	—	—	—	—
批发和零售业	1.2571	0.0292	0.1059	0.1227	0.0548	0.1055	-0.4827	0.7790	0.0618	0.0372	0.0539	-0.2363	—	—	0.0597	0.1533

续表

行业	北京		上海		天津		深圳		厦门		宁波		青岛		大连	
	2015年	2008年	2015年	2008年	2015年	2008年	2015年	2008年	2015年	2008年	2015年	2008年	2015年	2008年	2015年	2008年
水利、环境和公共设施管理业	-0.0345	-0.0229	—	—	—	—	0.0401	0.0479	—	—	—	—	—	—	0.3925	0.0801
文化、体育和娱乐业	-0.0028	0.0655	0.1539	-0.0241	—	—	—	—	—	—	—	—	0.0019	0.0856	—	—
信息传输、软件和信息技术服务业	-0.0216	-0.0366	0.0696	0.1051	—	—	0.0237	-0.0219	0.0176	-0.0216	—	—	0.0393	0.0071	-0.1265	0.1311
制造业	0.0947	0.0954	0.0769	0.0548	0.1452	0.1013	0.0580	0.0915	0.0322	0.0730	0.0949	0.1087	0.0161	0.2877	0.0460	0.0671
住宿和餐饮业	0.1548	-0.1987	0.0178	0.0238	—	—	-0.0154	0.1571	—	—	—	—	—	—	—	—
综合	-1.1651	-11.9005	0.1046	0.0921	0.0892	0.0490	0.0570	0.0589	-0.3776	-0.0026	—	—	—	—	0.0316	0.1376
租赁和商务服务业	-0.0498	-0.5681	0.0055	0.0131	—	—	0.0508	0.3351	0.0819	0.0683	0.0546	-0.0173	—	—	—	—

标，不仅要鼓励全民投身创业创新活动，还要在体制机制上进行配套改革，推进国有企业改革并清理"僵尸"企业或效率低下企业，给予民营企业公平的市场环境，加快金融脱虚向实，真正使金融成为实体经济的"造血机"而非"吸血者"，着力降低民营企业融资成本，加强金融对实体经济的支持。

1. 优化融资环境

探索建立多元融资体系，为企业外部融资提供更多选择路径。一方面，不能忽视传统的间接融资体系，比如向银行、非银行类金融机构贷款，鼓励银行通过提高金融服务专业化水平和完善产业链金融发展安排，覆盖到产业链不同环节企业的资金需求。建立上市专项基金，鼓励企业进入资本市场获得资金支持。另一方面，给予如众筹、互联网融资等新兴融资方式政策支持，推动天使投资、创业投资、产业基金等各类投资人、金融机构更多地参与厦门产业升级和企业转型，对厦门中小微企业给予有针对性的股权融资支持。

2. 制定分类政策

政府应出台差别化政策措施，融资政策应向创新能力意愿较强的企业倾斜，消除创新资本顺利流向创新企业的体制性障碍，让资本流向创新效率更高的企业。国有企业应深化股权多元化改革，重塑创新绩效激励机制；对民营企业应加大资金支持力度，发挥创新资助对于企业创新研发支出的激励效应和杠杆作用，为企业创新提供风险社会化的承担机制以及长期性的资金支持，最终促进厦门企业实现系统化、规模化自主创新。

3. 拓宽融资渠道

一方面，应建立完备的信用担保体系，为民营企业创新融资提供信用担保，接受科技企业无形资产多、有形资产少、成长空间大的特点，克服重有形资产、轻无形资产，重企业以往业绩、轻未来成长的惯性思维，科学地评估科技企业，积极支持成长中的中小型科技企业；另一方面，建立统一入口或共享平台，健全民营企业非涉密信息资源共享机制，可以加速信息交流，有助于资金供给者获得资金需求方信息，降低信息不对称所产生的政策获取和融资困难。

4. 引入竞争机制

应让市场配置创新资源，强化市场公平竞争机制。完善优化"有保有压"的金融政策，优化金融资源配置，坚决抑制对过剩产能行业输血，但对产能过剩行业进行并购重组给予必要政策支持，减少国有"僵尸"企业依靠体制优势获得廉价优质资源。

厦门市降低商贸物流
成本及贸易便利化分析

谢　谦[*]

降低实体经济企业成本，是有效缓解实体经济企业困难、助推企业转型升级的重要措施，对有效应对当前经济下行压力、增强经济可持续发展能力具有重要意义。商贸物流成本在我国企业运行中占有相对较高的比重，加快发展商贸物流业，有利于提高流通效率，降低物流成本，引导生产，扩大消费。与此同时，提升贸易便利化水平作为自贸区改革发展的重要实验任务，对于降低企业通关成本和服务收费标准起到了重要作用。本文在回顾"十二五"时期我国商贸物流发展的基础上，总结当前我国商贸物流面临的形势和存在的问题。进一步结合厦门市降低商贸物流成本做法及贸易便利化的最新进展，给出相应的对策建议。

一　研究背景

商贸物流是指与批发、零售、住宿、餐饮、居民服务等商贸服

---

* 谢谦，中国社会科学院经济所博士，《经济研究》编辑。

务业及进出口贸易相关的物流服务活动。加快发展商贸物流业，有利于提高流通效率，降低物流成本，引导生产，扩大消费。

1. 我国商贸物流业的发展基础

"十二五"期间，商贸物流业取得长足发展，主要指标达到或超过规划目标水平，为推动国民经济提质增效升级和平稳较快发展提供了有力支撑。

（1）物流需求持续扩大。2015 年社会消费品零售总额达到 30.1 万亿元，"十二五"期间年均增长达 13.9%；货物进出口总额达 24.6 万亿元，年均增长 4%；电子商务交易总额达 20.8 万亿元，年均增长 35.8%；单位与居民物品物流总额达 5078 亿元，年均增长 20.8%；快递业务量达 206.7 亿件，年均增长 54.61%；生产资料销售总额达 57.9 万亿元，年均增长 10.0%。批发、零售、住宿、餐饮、居民服务等商贸服务业及货物贸易迅速发展，对商贸物流服务需求不断扩大。

（2）物流运行效率提升。"十二五"期间，商贸企业物流费用率呈下降趋势，2014 年我国批发零售企业物流费用率为 7.7%，较 2008 年下降 0.6 个百分点。受益于共同配送等新模式发展，大型连锁企业物流成本持续降低，配送效率不断提升。2011～2015 年，规模以上连锁超市商品统一配送率由 63.4% 提高到 76.6%。

（3）物流服务水平快速提高。商贸物流网络加快向中小城市延伸，向农村乡镇下沉，向居民社区拓展，服务能力不断增强。仓储分拣、装卸搬运、包装加工、运输配送等专用设施设备和条形码、智能标签、无线射频识别、可视化及跟踪追溯系统、全球定位系统、地理信息系统等先进技术加速应用，云计算、大数据、物联网、移动互联网等新一代信息技术快速推广。商贸物流服务更加高效便捷，"及时送""定时达"等个性化服务以及"门到门"等一站式服务更加普及。

（4）物流模式创新发展。商贸物流企业加快推动平台建设，形成了公共信息服务平台、资源整合交易平台、跨境电子商务平台等物流平台发展模式。适应连锁经营发展需要，形成了供应商直接配送、连锁企业自营配送、社会化配送及共同配送等物流配送模式。企业着眼于供应链管理，形成了商贸物流全产业链集成发展、互联网引领物流发展、商贸业和制造业联动发展等融合发展新模式。商贸物流企业积极推动全过程标准化管理，形成了供应链上下游企业"结对子"协同推进标准化、组建联盟创新推进标准化、大型企业集团在系统内部推进标准化、以标准托盘应用为依托推进商业流程标准化、以标准周转箱应用为依托推进农产品物流标准化等标准化推进模式。

（5）国际化发展取得突破。"十二五"期间，交通运输、仓储和邮政业实际利用外资累计达 195.3 亿美元，年均增长13.3%。自由贸易试验区试点放宽国际航运服务领域外资准入限制，外贸进出口集装箱在国内沿海港口和自贸试验区内港口之间的沿海捎带业务有序开展。商贸物流企业加快推动国际区域物流合作，积极参与"一带一路"物流通道建设，稳步推进跨境电子商务海外仓建设，拓展国际货运代理业务范围，国际合作水平明显提高。

商贸物流业在取得重大成就的同时，仍然存在一些突出问题。主要表现在：商贸物流网络不完善，基础设施供给不均衡；企业竞争力偏弱，市场集中度较低；专业化、社会化、现代化程度不高；标准化、信息化、集约化水平有待提升。

2. 商贸物流业发展面临的形势

"十三五"时期是我国全面建成小康社会的决胜阶段，也是推进供给侧结构性改革的重要时期，商贸物流发展面临重大机遇：居民消费规模进一步扩大，服务需求更加多元，为商贸物流业发展提供了广阔市场。随着"一带一路"建设、京津冀协同发展、长江经济带发展的推进实施，物流基础设施加快建设，为商贸物流区域协调发展奠定基础。新型城镇化和农业现代化有利于实现城乡融合，提高城市和农村间物流基础设施衔接和配套水平，为商贸物流发展提供支撑。云计算、大数据、物联网、移动互联网等新一代信息技术的普及应用，有利于高效整合物流资源，为商贸物流转型升级和创新发展创造条件。内外贸一体化进程加快、跨境电子商务等新型贸易方式兴起，为商贸物流国际化发展拓展空间。法治化营商环境持续改善，有利于促进商贸物流主体公平竞争，为行业规范发展提供保障。

"十三五"时期，商贸物流发展也面临诸多挑战：资源环境约束强化，人工、租金成本刚性上升，标准化、信息化、集约化、绿色化发展任务艰巨。居民消费结构升级，对商贸物流服务向精细化、个性化、专业化发展提出更高要求。随着经济全球化、区域经济一体化进程加快，商贸物流企业在创新服务模式、提高经营效率等方面面临更加激烈的国际竞争。商业新技术、新业态、新模式给传统商贸物流发展带来新的挑战。

总体来看，商贸物流发展仍处于大有可为的重要战略机遇期，必须准确把握战略机遇期内涵和条件的深刻变化，着力在优化商贸物流结构、增强内生动力、补齐发展短板上取得突破，切实转变发展方式，不断提高商贸物流发展水平。

3. 国务院《降低实体经济企业成本工作方案》对降低商贸物流成本的要求

（1）提升贸易便利化水平，合理降低服务收费标准。全面推广国际贸易"单一窗口"，推进口岸管理相关部门信息互换、监管互认、执法互助，对信用记录良好的企业降低出口商品查验率，降低企业货物的通关成本。整合建立统一的公共资源交易平台体系，依法确定收费范围，规范服务收费行为，合理降低服务收费标准。积极稳妥推动行业协会商会与行政机关脱钩，厘清行业协会商会与行政机关职能边界，清理行业协会商会违法违规强制企业付费参加考核评比、表彰、赞助捐赠等项目。

（2）改善物流业发展环境，大力发展运输新业态。健全现代物流标准体系，强化物流标准实施，推动物流业与制造业等产业联动发展。完善城市物流配送体系，优化资源配置，提高物流效率。推广多式联运，加快构建国家交通运输物流公共信息平台，推进跨部门、跨区域、跨国界、跨运输方式物流相关信息互联共享，鼓励企业间运力资源共享，提高运输车辆实载率。大力发展多式联运甩挂、企业联盟甩挂、干线运输和城市配送衔接甩挂等运输模式。推动无车承运人业务加快发展。

（3）合理确定公路运输收费标准，规范公路收费管理和监督执法。尽快修订《收费公路管理条例》，科学合理确定公路收费标准，逐步有序取消政府还贷二级公路收费。坚决查处高速公路车辆救援服务中的各种乱收费行为，规范车辆超限处罚标准，减少各类执法中的自由裁量权，坚决杜绝乱罚款、"以罚代管"等行为。

（4）规范机场、铁路、港口收费项目，清理不合理服务收费。全面清理机场、铁路、港口码头经营性收费项目，除法规规章规定的项目外，禁止指定经营、强制服务、强行收费行为，清理强制对进出港（场）企业收取的不合理费用和地方政府设立的不合理收费。

二 当前我国商贸流通环节成本现状分析

如何进一步转变流通经营理念和运作方式，深化流通管理体制和运行机制改革，降低流通成本、提高流通效率、加快流通产业发展等，再度成为社会关注的热点。

1. 国家层面

我国的物流业发展很快。2011 年全国社会物流总额为 155.4 万亿元，到 2015 年已经上升至 229.8 万亿元，"十二五"期间几乎增加了一倍（见图 1）。从国家层面整体来看，2014 年我国物流成本占 GDP 比例约为 18%，是美国 8.5% 的 2 倍有余，是德国的 1.9 倍、印度的 1.3 倍、巴西和墨西哥的 1.4 倍，微观层面的企业物流费用率为 8.3%，比美国高 0.6 个百分点、比日本高 3.5 个百分点，这意味着全社会创造同样规模的 GDP 和企业创造同样规模的产出，我国付出的物流费用代价更高。物流成本高企，既加重了企业负担，又制约了企业转型，影响经济运行效率的持续提升。2015 年这一比例降至 16%，但仍然比欧、美、日等国家或地区高出两倍有余。降低物流成本，成为物流行业发展的一大难题。

2. 企业层面

从企业层面来看，按成本项目划分，物流成本由物流功能成本和存货相关成本构成。其中物流功能成本包括物流活动过程中所发生的包装成本、运输成本、仓储成本、装卸搬运成本、流通加工成本、物流信息成本和物流管理成本。存货相关成本包括企业在物流

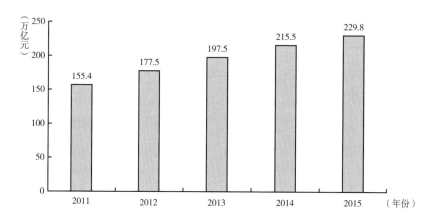

图 1　2011 ~ 2015 年全国社会物流总额

活动过程中所发生的与存货有关的资金占用成本、物品损耗成本、保险和税收成本。在简化的物流成本结构中，占比从高到低依次是：运输成本 42%、仓储成本 26%、存货持有成本 22%、行政管理成本 5%、客服成本 5%（见图 2）。更具体的企业物流成本项目构成如表 1 所示。

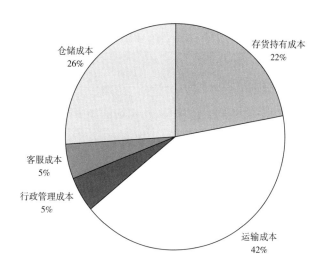

图 2　企业物流成本的一般构成

表 1　企业物流成本项目构成

分类	成本项目	内容说明
物流功能成本	运输成本	一定时期内,企业为完成货物运输业务而发生的全部费用,包括从事货物运输业务的人员费用,车辆(包括其他运输工具)的燃料费、折旧费、维修保养费、租赁费、养路费、过路费、年检费、事故损失费、相关税金等
	仓储成本	一定时期内,企业为完成货物储存业务而发生的全部费用,包括仓储业务人员费用,仓储设施的折旧费、维修保养费、水电费、燃料与动力消耗等
	包装成本	一定时期内,企业为完成货物包装业务而发生的全部费用,包括包装业务人员费用,包装材料消耗,包装设施折旧费、维修保养费,包装技术设计、实施费用以及包装标记的设计、印刷等辅助费用
	装卸搬运成本	一定时期内,企业为完成装卸搬运业务而发生的全部费用,包括装卸搬运业务人员费用,装卸搬运设施折旧费、维修保养费、燃料与动力消耗等
	流通加工成本	一定时期内,企业为完成货物流通加工业务而发生的全部费用,包括流通加工业务人员费用,流通加工材料消耗,加工设施折旧费、维修保养费,燃料与动力消耗费等
	物流信息成本	一定时期内,企业为采集、传输、处理物流信息而发生的全部费用,指与订货处理、储存管理、客户服务有关的费用,具体包括物流信息人员费用,软硬件折旧费、维护保养费、通信费等
	物流管理成本	一定时期内,企业物流管理部门及物流作业现场所发生的管理费用,具体包括管理人员费用,差旅费、办公费、会议费等
存货相关成本	资金占用成本	一定时期内,企业在物流活动过程中负债融资所发生的利息支出(显性成本)和占用内部资金所发生的机会成本(隐性成本)
	物品损耗成本	一定时期内,企业在物流活动过程中所发生的物品跌价、损耗、毁损、盘亏等损失
	保险和税收成本	一定时期内,企业支付的与存货相关的财产保险费以及因购进和销售物品应缴纳的税金支出

第一个层面是库存费用，普通意义来讲就是保存货物所产生的费用，包含仓储、人力、安保及保险等，将降低物流存储成本和货物的周转时间综合考虑。第二个层面是货物运输成本，包括公路运输、水路运输、空中运输等多种交通工具运输方式，公路运输涉及区域间运输与区域内部运输。从发达国家来看，运输费用占国民生产总值的比重在5%～7%，由于运输的费用伴随经济的发展总是存在而且受经济规模的影响，运费占 GDP 的比例保持一种较为稳定的态势。第三个层面是运输对象的管理费用，此项费用通常是从平均值的变动范围根据库存情况与运输费用乘以系数获得，美国的物流管理费用基本占到 GDP 的 4% 左右。

三　当前我国商贸流通领域效率低、成本高的原因分析

物流环节多、速度慢、成本高、效率低，是中国物流业的顽症。其病根主要在于以下五个方面。

1. 中国经济发展仍处于转型期

我国物流产业仍处于粗放型发展阶段，网络布局不合理，城乡发展不均衡，集中度偏低，信息化、标准化、国际化程度不高，效率低、成本高的问题日益突出。粗放型既有物流生产力的问题，更有物流生产关系的问题，既有现代化水平的制约，更有体制性的约束，带来的结果必然是效率低、成本高。

2. 落后的生产方式与商业运作模式

生产与物流互相制约、互相决定、互为媒介，是矛盾的统一体。改革开放以来，我国落后的生产方式与商业运作模式还没有从

根本上改变，物流实物配送阶段还没有完成，批发体系不完善、不规范，从而造成物流环节多，落后的工农业生产方式、商业运作模式与大市场接轨，带来的必然是高成本与低效率。

3. 现代物流起步晚、水平低

物流费用高、效率低是物流成本高、效率低的主要原因。我国第三方物流发展缓慢，物流总成本占 GDP 的比例一直徘徊在 18% 左右。物流企业并没有完全融合到制造企业中，企业功能单一，物流成本降不下来；没有形成综合运输体系，多式联运水平低；物流装备落后，货物损耗大，特别是农产品物流损耗更大；物流企业集中度低，散、小、差现象十分严重。物流成本居高不下的根本原因主要是粗放式经营，拼物力、人力、财力而不是依靠科技力，同时，经济结构极不合理，服务业欠发达，比例过低。如果不调整经济结构，加快服务业的发展，物流总成本与 GDP 的比例很难有较大幅度的下降。

4. 传统的消费方式

生产性与生活性消费方式直接影响着物流的速度、方式与成本。就生产性消费而言，中国不论是建设项目还是生产单位，库存量过大，周转慢，必然抬高物流费用，加大物流成本。就生活性消费而言，城市居民消费的多元化、个性化趋势日益增强，带来的是进货的小批量、多批次，而我们在商流、物流、信息流中并未形成社会化、专业化流程，影响着物流的效率，推高了物流成本。

5. 生产要素市场发育不完善

商品市场推动着其他要素市场的发展，要素市场的发展影响着商品市场的发展，特别是人力资源市场、金融市场、信息市场、技术市场等。劳动力成本的波动、劳动力素质的高低、商品交易中的支付方式、货币物流量的增减、信息化程度、科技含量与现代化水平的高低，都直接影响着物流的效率与成本。

四　厦门市控制物流成本的做法及经验

国家统计局厦门调查队关于厦门市物流业成本调查显示，厦门企业的招工成本、培训费用、工资福利等方面水涨船高是造成当前物流业成本居高不下的原因。如一家综合型物流企业人工费在总成本中占比由2014年的54%，上涨到2015年的59%。港杂费包括港口设施保安费、装卸费、单证费等，属于经营性服务收费，厦门跟其他港口一样，都面临港杂费种类繁多的问题，加重企业物流成本和经营成本负担（见表2）。为此，厦门市政府积极采取多项措施，降低企业物流成本。

表2　当前我国港口收费情况

序号	收费种类	收费名目
1	政府定价的港口收费	货物港务费、港口设施保安费、国内客运和旅游船舶港口作业费
2	政府指导价的港口收费	引航(移泊)费、拖轮费、停泊费、驳船取送费、特殊平舱费和围油栏使用费
3	市场调节价的经营服务性收费	港口作业包干费、堆存保管费、库场使用费，以及提供船舶服务的供水(物料)服务费、供油(气)服务费、供电服务费、垃圾接收处理服务费、污油水接收处理服务费

1. 规范港口和高速公路通行收费

制定并公布港口各种服务收费（政府性基金）目录清单，

督促各收费单位实行明码标价，向社会公布相关收费标准，提高透明度；落实《福建省人民政府关于印发〈国际标准集装箱车辆高速公路通行费减征暂行办法〉的通知》（闽政〔2010〕9号），实行"递远递减"的计费模式；落实国家和省"绿色通道"相关政策，简化规范通行证审批，推进城市配送车辆进城、通行、停靠便利化；港口各类电子政务平台、辅助平台不再向企业收取运行维护费用，实行政府购买服务，统一由所在地财政承担。

2. 落实进出口税费政策

厦门在免除查验费方面先行先试。2015 年 10 月 1 日起，在自贸区范围内，对海关查验没有问题的进出口海运集装箱（重箱）货物（固体废物进出口货物除外），免除外贸企业在查验环节发生的吊装、移位、仓储费用。2016 年免除 1123 万元。支持各地试点免除集装箱检验、检疫、查验、作业费用；免除企业参加商品交易会的综合服务费，所需资金由省级商务发展资金统筹安排；根据产品实际生产情况，对资源综合利用的产品积极推动税则调整。

3. 清理规范物流收费

清理规范物流园区、口岸、公铁水运等环节和领域及进出口环节、海关监管区服务收费，取消不合理收费。降低通关费用。执行出境货物、运输工具、集装箱及其他法定检验检疫物免收出口商品检验检疫费的政策。取消海关收取的"数字证书备案数据变更费""数字证书更新费"等 2 项收费。按照最新的规定，2017 年 4 月 1日起，全面停征出入境检验检疫费。

五 厦门市贸易便利化降低企业通关成本分析

经过两年多的发展，福建自贸区厦门片区以贸易便利化为重点的贸易监管制度不断完善。一方面，通过优化口岸通关环境，提高通关效率，落实和出台一系列措施，为相关企业减负提效，提升口岸综合竞争力；另一方面，通过简化程序、增强透明度、统一标准、完善规范、减少限制等一系列的措施，降低国际贸易活动中的交易成本，从而促进货物、服务的自由流动。

从国际层面来看，2017 年 2 月 22 日，卢旺达、阿曼、乍得和约旦等 4 个世贸成员向世贸组织递交了《贸易便利化协定》的批准文件。至此，批准《贸易便利化协定》的成员已达 112 个，超过协定生效所需达到的世贸成员总数 2/3 的法定门槛，协定正式生效并对已批准协定的成员正式实施。

根据世贸规则，批准协定的成员将自协定生效之日起，履行在政策法规透明度、管理措施现代化以及口岸管理部门协同合作等方面的承诺。我国于 2016 年 9 月批准接受《贸易便利化协定》。对我国而言，除在单一窗口、确定和公布平均放行时间、出境加工货物免税复进口、海关合作等少量措施设定了过渡期外，包括简化单证手续、规范进出口费用等方面的措施将立即付诸实施。

从全球范围看，《贸易便利化协定》的生效和实施意味着国际贸易程序将更趋简化和协调，货物流动、放行和结关速度将进一步加快，势将推动全球贸易和经济增长。根据 WTO 秘书处的测算，《贸易便利化协定》实施将使全球贸易成本平均降低 14.3%，为全球带来一万亿美元的出口增长。同时，作为世贸组织成立 20 年来达成的首个多边货物贸易协定,《贸易便利化协定》是多哈回合谈判启动以来取得的重要成果,其顺利实施更将增强各方对世贸组织多边谈判功能的信心。

对我国而言,作为世界第一大货物贸易国,协定的生效和实施同样具有显著积极意义。一方面,实施协定将有助于我国口岸综合治理体系现代化,提高我国产品竞争力和改善吸引外资环境;另一方面,《贸易便利化协定》实施还将普遍提高我国贸易伙伴的贸易便利化水平,为我国产品出口营造便捷的通关环境,使企业广泛受益。

1. 福建自贸区厦门片区的功能定位

发展航运物流、口岸进出口、保税物流、加工增值、服务外包、大宗商品交易等现代临港产业,构建高效便捷、绿色低碳的物流网络和服务优质、功能完备的现代航运服务体系,成为立足海西、服务两岸、面向国际,具有全球航运资源配置能力的亚太地区重要的集装箱枢纽港。

2. 厦门自贸区贸易便利化的进展

近年来,厦门市高度重视贸易便利化的稳健推进工作,在厦门自贸片区管委会、市口岸办的统一协调下,厦门海关、厦门出入境检验检疫局、厦门出入境边防检查总站、厦门海事局不断推出"降成本、优环境"的优惠政策,聚焦供给侧改革,加快口岸通关模式改革,提升口岸通关服务水平,取得了显著的成效(见表3)。

(1)厦门海关及港口局多措并举助推快速通关

厦门海关网上预约查验平台自启动以来,至今已完成数万票查验预约。依靠该系统,预约查验的企业,无须再派人全程紧盯,在网络上便可预约海关查验并实时查询状态,避免了企业在海关和港

表 3　福建自贸区厦门片区在以贸易便利化
为中心的监管方面的举措实施效果

部门	实施措施	具体内容	实施效果
海关	先进去、后报关、区内自行运输		进境货物从口岸到区内仓库时间平均由 2 ~ 3 天缩减为半天
	简化无纸化通关作业随附单证、简化加工贸易核销单证提交	实现电子账单报销,核销全程无纸化	无纸化覆盖率达到 96.9%
	海关智能化卡口		车辆平均过卡时间由 6 分钟缩短为 10 秒钟
	简化统一进出境备案清单	在海关特殊监管区域内,经海关注册登记的企业办理货物进出境和进出关通关业务	平均缩短货物通关时间 0.3 个小时,为企业节约物流成本
	批次进出,集中申报	改"一票一报"为"多票一报"	使平均每票节约通关时间 12 个小时
	海关 AEO 互任	包括中新海关 AEO 互任、中欧海关 AEO 互任	企业通关速度提升 60% 以上
	多维自主担保	多种、多票业务使用同一份担保	简化企业通关手续
	简化 CEPA、ECFA 原产地证书提交要求	ECFA 和 CEPA 项下进口货物收入或其代理人在自贸区内申请享受优惠通关待遇时,无须提交纸质文本,凭借原产地证书电子数据可实现无纸化联网申报放行	每票货物平均减少通关时间 1 ~ 2 天,节省通关成本 8% 左右

续表

部门	实施措施	具体内容	实施效果
海关	国际贸易"单一窗口"	设计货物申报、运输工具申报、关检"三个一"、政务服务、金融服务、对台贸易、贸易许可、港口物流、功能查询等9个功能	已上线运行项目48个，直接服务企业3700多家，在四个自贸区内居首位。进出口货物申报时间从4个小时减至5~10分钟，船舶检验检疫申报时间由50分钟减至5分钟，一般贸易出口全流程时间从16天减至8天。船舶进出境时间由30多个小时减至2.5个小时。出境时间由36个小时减至1个小时，进出口小微企业申报费用全免
	关检"一站式"查验	一次申报、一次检验、一次放行	减少企业30%的重复申报项目，缩短企业40%的通关时间，节约50%的人力资源，平均每标箱节约600元物流成本，提高码头场地使用效率
检验检疫	改革和简化检验检疫原产地证签证管理	实施凭企业声明直接签证模式、实施属地备案多点通签模式、允许生产企业代办原产地证书	企业的产品备案业务平均办理周期从3个工作日缩短至当场办结，签证业务平均办理周期从0.5个工作日缩短至当场办结
	检验检疫源头管理，口岸验放快速通关模式	源头管理，口岸验放	降低货物抽检比例，放行时间缩短4~5天
	建立对台原产地证书核查机制	对ECFA项下不符合签发范围、提交不规范的证书与台湾签证方就真实性和有效性展开核查	平均每票节省通关时间72个小时

续表

部门	实施措施	具体内容	实施效果
税务	手机领票	企业不需要带着税控专用设备跑办税服务厅,使用 APP 系统,选择"申领发票"	—
	3A 移动办税平台	利用智能手机解决纳税人办理税务事项的时间空间问题	—

资料来源:根据中国(福建)自贸区官网相关资料整理而成。

区间往返、排队的麻烦。

目前,厦门海关网上预约查验平台查验覆盖率已达七成。这一举措降低了企业的投入,大幅提升了厦门口岸的通关便利度。通关便利化相关举措还有很多,比如台湾水果在厦门口岸的进境。数据显示,台湾水果在厦进境量同比增长超过 20%,厦门海关在做好"绿色通道"的同时,加强部门协作,率先完成关检"一次申报",建立关检"一站式"查验模式,每票报关单平均缩减通关时间 1~2 天;率先将台湾水果纳入关检"监管互认",大幅减少水果装卸损耗;积极将"互联网 + 自主报关"新型报关模式纳入"单一窗口"大平台,最终满足广大企业"足不出户"完成所有通关手续的愿望,实现通关全程"零限制、零跑动、零收费、低耗时"。

在对台海运快件业务方面,厦门海关完成两岸首票"监管互认"货物通关、首票两岸海关申报信息互换等业务,两岸基层海关关际监管互认、执法互助、信息互换"三互"合作也进入实际操作阶段。

随着 2016 年 4 月完成首票台湾货物赴欧，"厦蓉欧"班列正式拓展成"台厦蓉欧"班列。在"海铁联运"监管方面，厦门海关通过设立"一对一"通关咨询、为班列提供"一次报关、一次查验、全线放行"的便利通关举措、发挥"单一窗口"平台优势简化申报和查验手续，积极提升关区海运口岸与铁路口岸间的通关效率。

厦门港口局在降低减免费用方面，从 6 月 3 日起暂停收取超限船舶伴航费和护航费；2016 年 7 月 5 日至 2017 年 12 月，在现行收费标准基础上减半收取内贸船舶因强制引航发生的引航费。

（2）厦门出入境检验检疫局"单一窗口"经验已在全国推广

人工跑单改为电子化作业单，一年的查验环节就可节省 6 万小时。厦门出入境检验检疫局提供的数据显示，截至目前，厦门 95% 以上进出口一般货物、100% 的国际航行船舶、100% 的跨境电商商品、100% 的国际邮件快件均通过"单一窗口"进行检验检疫申报，共有 1.5 万家企业受惠。目前已上线了 11 个业务系统，并在厦门"单一窗口"2.0 中提出了 14 个新的业务系统建设需求。现在厦门出入境检验检疫局已率先全国通过"单一窗口"接受了货物申报，实现了全程无纸化通关，不断推动"三互"大通关，厦门经验已得到国家质检总局的肯定与推广。比如，在台湾水果检验检疫方面，厦门出入境检验检疫局推出"源头管理、口岸验放"，通关效率得到了大幅提升，实现了"保障安全、快速通关"的目的。台湾食品以前通关时间要一个月，现在只要 10 天就可以上架销售，一个货柜能减少三四百元人民币的成本。再比如进口酒快检模式，货物到港前就可以在平台上完成标签的咨询和备案工作，比之前节省 7 天。跨境电商方面，厦门检验检疫局实现了"电子申报 + 电子审单 + 同屏

比对 + 即查即放"的监管新模式，合格商品 6 秒内快速验放报。

实施口岸检疫处理前置：对符合条件的入境集装箱货物，由检疫处理公司在船舶靠港卸货后，船舶代理报检前实施检疫处理。根据船舶代理提供的舱单信息提前筛选出需要做检疫处理的集装箱货物，在辖区海港口岸实施检疫处理前置，对符合条件的入境集装箱货物，由检疫处理公司在船舶靠港卸货后、船舶代理报检前实施检疫处理。新的海港口岸检疫处理前置措施实施后，将对厦门片区带来以下两大利好：一是节约企业通关成本，与旧有的报检后做卫生处理的通关模式相比，新模式实施后来自疫区的集装箱货物每柜至少减少一次吊箱操作，每年可为在厦门口岸通关的企业节约吊箱费用 1600 万元，进一步减轻了企业的负担，在当前外贸大环境不景气的情况下，有利于助推外贸回稳；二是加快了自贸试验区的通关效率，通过实施检疫处理前置，优化了通关流程，平均每个货柜通关时间缩短了至少一个工作日，提升了自贸试验区的物流周转效率及核心竞争力，有利于吸引更多的企业入驻自贸试验区。

总体来看，厦门国际贸易"单一窗口"申报比例居全国首位，被商务部评为全国最佳实践案例之一。2016 年，厦门海关关区通关作业无纸化率为 97.18%，较上年同期提高 3.14 个百分点，比全国平均水平高 1.56 个百分点。其中，出口无纸化比例为 99%，进口无纸化比例为 90.75%，各项指标均创历史新高。国检在不断加快推行报检无纸化、全面实施"通关单无纸化"、实行检疫审批无纸化的基础上，自 2016 年 10 月 1 日起全面实施口岸检疫处理监管无纸化，目录外涉及检疫货物报检无纸化，大幅提高厦门口岸检疫处理效率，促进通关便利化。截至 2016 年 12 月，已通过"口岸检疫处理管理系统"完成 65289 批口岸检疫处理。

（3）厦门出入境边防检查总站积极提升海空港枢纽地位

"马上就办、办就办好"是厦门出入境边防检查总站在落实"三互大通关"和"单一窗口"建设中的一项承诺。在"单一窗口"启动后，厦门边检进一步打通无纸化通关"最后一公里"，无纸化申报平均每艘船舶可为船方节省边检手续时间半小时以上。为提升国际航空枢纽地位，厦门边检积极运作，高崎国际机场口岸2015年7月正式步入7×24小时通关运营的机场口岸行列。厦门边检还首创"边检警务区"，在全国边检系统率先开展海沧边检站警务区改革试点工作，探索实行"人在网中走，事在格中办"的网格化管理模式。改革后，将海沧港区13个码头、22家物流堆场、156家登轮单位统一划入四个边检警务区，把服务窗口前移到服务对象的"家门口"。警务区改革试点以来，共发现并纠正问题近30个，帮助企业完善近20项制度。其中，仅改进海沧、东渡两个港区登轮管理一项，便使作业工人登记时间由原先的约1小时缩短为5分钟。

（4）海事局打造厦门港"海上高速公路"

海事部门被称为"海上交警"。2015年7月，《厦门水域船舶定线制》和《厦门水域船舶报告制》在厦门港水域正式实施，进一步推动厦门港"海上高速公路"建设。这两项制度的实施，使船舶交通流更加有序，避让关系更加明确，将有效提高海上船舶的航行安全和航路通航效率，进而增强厦门港的整体竞争力。根据实测数据，目前，厦门港水域通航能力已提升10%以上，待主航道四期建成后，预计事故率将下降30%以上，提高船舶通航效率50%以上。新措施伴随着新流程落地。此外，厦门海事局对国际航行船舶进口岸和船载危险品入境（过境）申报实施"同步申报，同步审批"的"双同步"办理模式,至今已办理审批超过1300艘次,使每艘次节省办理时间1个小时,进一步满足了短航程船舶、两岸直航船舶进口岸(港)的快速审批需求。同时,集约化现场综合执法机制带来的"一次性登轮,一次性全面检查",为每艘船舶节省检查时间50%以上,有效地确保船舶如期开航。

在"单一窗口"建设方面,厦门海事局"海事局船舶联检审批管理系统"年均在线办理船舶进口岸审批7000艘次以上,每单业务涉及的办理时间由原来的半小时至1小时缩短为5分钟以内,并节省大量的纸质单证成本。目前,厦门海事局提出对接"单一窗口"的"三平台、三系统"(船舶进出口岸联检平台、海事信息共享平台、海事信息运行平台,船载危险货物管理系统、规费信息稽核管理系统、海事公共服务系统)建设方案,该方案正在进行立项审批。方案落地后,将进一步"提效率、降成本",助推"三互大通关"建设目标的实现。

(5)在降费方面的其他做法

制定并公布港口各种服务收费(政府性基金)目录清单,督促各收费单位实行明码标价,向社会公布相关收费标准,提高透明度;降低经营性服务收费:港口安全费、装卸费、单证费等。

执行出境货物、运输工具、集装箱及其他法定检验检疫物免收出口商品检验检疫费的政策。取消海关收取的"数字证书备案数据变更费""数字证书更新费"等2项收费。

对进出口环节海关查验没有问题的外贸企业免除吊装移位仓储费用;支持各地试点免除集装箱检验、检疫、查验、作业费用;免除企业参加广交会、华交会的综合服务费,所需资金由省级商务发展资金统筹安排;根据产品实际生产情况,对资源综合利用的产品积极推动税则调整。

厦门市出台《关于厦门口岸地方政府承担进出口申报环节报关报检费用的通告》。厦门市口岸办、市商务局、市自贸委、厦门海关、厦门出入境检验检疫局联合发布公告，自 2016 年 4 月 1 日起，厦门口岸减免报关行申报环节代理报关 15 元/票的数据传输费，每年可为企业节约近 4000 万元的成本，降低了企业经营成本。

引航机构采取有效措施降低船舶引航费，厦门港要对净吨 6 万吨以上的集装箱船舶，按净吨 6 万吨封顶计收引航费，并对内贸船舶引航费减半收费。

3. 提升贸易便利化水平降低企业进出口成本的对策建议

从机构设立、"单一窗口"建设、支撑体系、制度政策、行政效率等多方面着手，提升福建自贸区厦门片区贸易便利化水平。

一是成立福建自贸区厦门片区贸易便利化委员会。委员会由海关、检验检疫局、口岸管理部门、外汇管理部门、工商部门等政府相关部门，以及区内企业代表、行业协会、贸易便利化领域的国内外知名专家组成。委员会的一个主要工作是负责设置贸易便利化指标体系，定期对福建自贸区厦门片区自贸区的贸易便利化水平进行评估，确保自贸区贸易便利化水平不断提升，接轨全球贸易便利化先进水平。另外，负责制定开放的贸易政策，简化政府管理，提升贸易便利化程度。

二是升级"单一窗口"版本。提升电子口岸信息平台功能，将部分功能整合融入"单一窗口"平台。新增海关、检验检疫、金融保险、公共服务等板块的功能，延伸服务内涵和深度。其中，公共服务板块可以自贸区管委会日常行政办公及对外行政服务为基础，对接厦门市现有行政服务平台系统，通过业务梳理和流程改造，建设高效、便捷的公共服务平台。搭建"单一窗口"云计算平台，建设配套的数据安全、网络安全管理机制，提升"单一窗口"平台的安全防范功能。

三是完善贸易便利化配套支撑体系。建立高标准的港口和口岸，合理定位口岸功能，调整口岸结构，协调发展。口岸工作流程以供应链为导向，加强口岸一体化运转，构建口岸、企业和协会等主体之间的合作机制。建设高水平的信息基础设施，完善电子商务、电子政务和互联网安全等方面的建设，探索多层次、多元化、与国际接轨的电子商务发展方式。促进贸易单证的标准化和电子化，方便企业和服务平台的信息交换。推进通关作业无纸化，加快推进税费电子数据联网和监管证件无纸化进程，提高企业出口退税速度。加强港口物流、金融保险、运输、咨询等配套服务，帮助企业更快更好完成通关和检验检疫等程序。完善配套的商业网点设施，为入驻自贸区的企业和各类人才提供良好的生活配套，方便生产和生活。

四是完善贸易便利化制度政策。营造贸易便利化的法制环境，制定相关法律法规，使自贸区法律法规及政策与国际相关法律法规接轨。设立厦门自贸区商事法院，提高国际仲裁公信力。在自贸区成立专业海关复议机构，建立海关复议和风险管理制度，及时解决争议。完善便捷通关制度，加强风险评估和外部审计，实行提前放行。简化海关监管程序，提高海关规则和费用的透明度，提高通关效率，有效降低企业运营成本。

五是提高政府行政效率。转变管理理念，从便利政府管理向便利企业转变，减少行政收费，合理简化贸易手续。明确涉及贸易的政府各部门职责分工，部门之间相互配合、互相支持，促进贸易便利化工作顺利开展。打造贸易服务平台，提高企业办事效率。完善自贸区网站功能，及时公布和更新相关法律法规和政策信息，提供经贸制度规则、服务流程等各种公开信息。严格控制口岸通关及进出口环节审批事项，制定公布权力清单和责任清单。提高非侵入、非干扰式检查检验比例，对查验没有问题的企业免除吊装、移位、仓储等费用。对收费实行目录清单管理，查处乱收费行为，降低收费标准，切实减轻企业负担。清理整顿进出口环节服务收费，坚决取缔依托行政机关、依靠行政权力提供强制服务和不具备资质、只收费不服务的"红顶中介"。

厦门企业的创新与效率评估

——基于 2011~2015 年 181 家工业企业的分析[*]

林　智[**]

党的十八大提出实施"创新驱动"发展战略，强调科技创新是提高社会生产力和综合国力的战略支撑，必须摆在国家发展全局的核心位置。工业是科技创新的主战场，也是 R&D 资源投入和产出最密集的领域。创新驱动已经成为工业企业转型升级的核心。本文从企业创新投入和产出维度选取相应指标，建立企业创新能力综合评价指标体系，对 2011~2015 年有连续 R&D 经费内部支出的 181 家样本企业进行综合评价。最后，本文结合对样本企业的分析和结论，提出促进厦门工业企业创新发展的若干建议。

一　样本选择及基本情况

2011~2015 年，厦门市连续 5 年处于规模以上工业企业名录

* 本报告的撰写得到了厦门市统计局人口和社会处郭灿虹处长、纪新副处长的支持和帮助，在此特别表示感谢。
** 林智，厦门市发展研究中心博士。

的企业共有1142家。考虑到企业创新能力评价的连续性和动态性，以此1142家为基准对企业进行进一步分类和评价。其中，连续5年有R&D经费内部支出的企业数为181家，占比为16%；连续5年没有R&D经费内部支出的企业数为707家，占比为62%；连续5年有离散R&D经费内部支出的企业数为254家，占比为22%。

根据对企业创新能力的内涵界定与指标选择，企业有R&D经费内部支出是基本条件之一，另考虑连续性和可操作性，着重选取2011~2015年，连续5年有R&D经费内部支出的181家企业（以下简称"样本企业"）进行综合评价，以考察和分析企业区间内的创新能力及其动态演进。

（1）企业数占比情况。181家企业与当年有R&D经费内部支出企业数的占比和全部规上工业企业数的占比如表1所示。从指标数值看，有R&D经费内部支出的企业（无论是有R&D经费内部支出的企业还是连续5年有R&D经费内部支出的企业），数量上

表1 2011~2015年样本企业数及占比情况

单位：家，%

年份	2011	2012	2013	2014	2015
规上工业企业数（X_0）	1502	1658	1668	1701	1766
有R&D经费内部支出的企业数（X_1）	281	392	393	440	515
占比（X_1/X_0）	19	24	24	26	29
连续5年有R&D经费内部支出的企业数（2011~2015）（X_2）	181	181	181	181	181
占比（X_2/X_1）	64	46	46	41	35
占比（X_2/X_0）	12	11	11	11	10

注：2015年规上工业企业数来自规上工业企业科技统计年报。

资料来源：厦门市统计局。

占比都不高，表明创新企业的覆盖面不广。有 R&D 经费内部支出的企业数占比虽然逐年提高，但 2015 年仍仅为 29%，而连续 5 年有 R&D 经费内部支出的企业数占比仅为 10%。若考虑 2011～2015 年有离散或连续 5 年以下 R&D 经费内部支出的企业，则各维度划分的企业数占比在 10%～29%。

（2）行业分布情况。从样本企业行业分布情况看，一共包括 27 个二位数代码行业。其中，计算机、通信和其他电子设备制造业企业数最多，达到 41 家，占 22.7%；电气机械和器材制造业 27 家，占 14.9%；橡胶和塑料制品业 20 家，占 11.0%；其他行业的企业数均在 10 家以下，如表 2 所示。

表 2　2011～2015 年 181 家有连续 R&D 经费内部支出样本企业分行业分布

单位：家

序号	行业	样本企业数	序号	行业	样本企业数
1	计算机、通信和其他电子设备制造业	41	12	专用设备制造业	6
2	电气机械和器材制造业	27	13	金属制品业	5
3	橡胶和塑料制品业	20	14	农副食品加工业	4
4	化学原料和化学制品制造业	8	15	非金属矿物制品业	3
5	医药制造业	8	16	家具制造业	3
6	通用设备制造业	7	17	其他制造业	3
7	仪器仪表制造业	7	18	食品制造业	3
8	纺织业	6	19	酒、饮料和精制茶制造业	2
9	汽车制造业	6	20	文教、工美、体育和娱乐用品制造业	2
10	铁路、船舶、航空航天和其他运输设备制造业	6	21	印刷和记录媒介复制业	2
11	有色金属冶炼和压延加工业	6	22	纺织服装、服饰业	1

序号	行业	样本企业数	序号	行业	样本企业数
23	废弃资源综合利用业	1	26	烟草制品业	1
24	化学纤维制造业	1	27	造纸和纸制品业	1
25	水的生产和供应业	1			

资料来源：厦门市统计局。

（3）登记注册类型。以 2015 年企业登记注册类型为基准，181 家样本企业所有制结构类型如表 3 所示。

表 3　2015 年 181 家样本企业所有制结构类型

单位：家，%

类型	企业数	占比
内资企业	102	56.4
港澳台资企业	40	22.1
外资企业	39	21.5

资料来源：厦门市统计局。

（4）经济指标情况。其中，样本企业和规上工业企业的主要指标如表 4 所示。

表 4　2011～2015 年 181 家样本企业与规上工业企业经济指标比较

年份	主营业务收入（亿元）	新产品销售收入（亿元）	利润总额（亿元）	R&D 经费内部支出（亿元）	R&D 人员（万人）	从业人员期末人数（万人）	有效发明专利数（件）
2011	4436	489	301	60	2.77	61.60	1039
	1892	380	160	50	2.18	19.31	630
2012	4550	623	247	69	3.53	63.76	1275
	2011	496	152	49	2.38	19.51	800

续表

年份	主营业务收入（亿元）	新产品销售收入（亿元）	利润总额（亿元）	R&D 经费内部支出（亿元）	R&D人员（万人）	从业人员期末人数（万人）	有效发明专利数（件）
2013	4782	635	235	76	3.69	61.15	1936
	2075	533	135	53	2.49	19.24	1195
2014	4772	1219	238	84	4.09	61.98	2634
	2014	974	138	57	2.61	20.07	1551
2015	4541	1260	181	86	3.63	60.28	3978
	1971	881	85	57	2.24	18.84	2136

注：上单元格为全部规上工业企业相关指标数值，下单元格为样本企业相应指标数值。其中，2015 年规上工业企业经济指标数据来自《厦门市情 2016》。

资料来源：厦门市发展研究中心、厦门市统计局。

从创新投入和产出指标看，2011～2015 年，样本企业的 R&D 经费内部支出占比和有效发明专利数占比均有所下降，在企业数量上不占优势的情况下，创新投入和产出仍然占到超过半数，样本企业是厦门制造业企业创新的主导力量。从 2015 年指标数值看（见表 5），样本企业主营业务收入占全市规上工业企业主营业务收入的 43%，新产品销售收入占 70%，利润总额占 47%，R&D 经费内部支出占 66%，R&D人员占 62%，从业人员期末人数占 31%，有效发明专利数占 54%。

表5　2015 年样本企业与规上工业企业经济指标占比情况

单位：%

指标	主营业务收入	新产品销售收入	利润总额	R&D 经费内部支出	R&D人员	有效发明专利数	从业人员期末人数
181 家样本企业占比	43	70	47	66	62	54	31

注：2015 年规上工业企业经济指标数据来自《厦门市情 2016》。

资料来源：厦门市统计局。

二 评价方法

根据工业企业创新的特征，结合国内外企业创新评价的各种方法和指标体系，同时考虑监测和评价指标数据的可获得性、可操作性等因素，根据创新评价的一般性方法，评价指标体系包括创新投入和创新产出两个方面，同时选取 7 个核心指标，其中创新投入 3 个核心指标，创新产出 4 个核心指标。在指标权重上，暂考虑结合创新评价一般性规律，采用主观赋值法进行分配。具体评价指标体系如表 6 所示。

表 6　2011～2015 年厦门规模以上工业企业评价指标体系

综合	一级指标	权重	二级指标	权重	说明
创新能力	创新投入	0.5	R&D 经费内部支出占主营业务收入比重	0.25	反映企业内部在资金配置上对创新倾向的程度
			R&D 人员占从业人员期末人数比重	0.15	反映企业内部在人员配置上对创新倾向的程度
			R&D 人员人均 R&D 经费内部支出	0.10	反映企业内部研发人员平均获得经费支持强度
	创新产出	0.5	千名 R&D 人员拥有有效发明专利数	0.10	反映企业创新投入的直接产出和创新效率
			新产品销售收入占主营业务收入比重	0.10	反映企业收入中对新产品和创新的依赖程度
			全员劳动生产率	0.10	反映企业创新投入间接带来的综合经济效益和投入产出效率
			利润总额占主营业务收入比重	0.20	反映企业创新投入间接带来的综合经济效益和投入产出效率

在对原始数据的标准化处理上，采用标准分数（Standard score），即 Z 分数（Z – score）处理。Z 标准化用公式表示为：$Z_y = (X_y - \mu) / \sigma$。其中，$X_y$（$y = 1$，2，3，4，5，6，7）为第 y 个评价指标原始值，μ 为该指标平均值，σ 为该指标标准差。经过 Z 标准化处理后的数据符合标准正态分布，即均值为 0，标准差为 1。Z 值代表原始值和平均值之间的距离，并以标准差为单位计量。其中，当原始值低于平均值时，Z 值为负，反之 Z 值为正。

首先，对规模以上工业企业的 7 个指标进行 Z 标准化处理后，得出 Z_{yij} 值，$i = 1$，2，3，…，n；$j = 2011$，2012，2013，2014，2015。

根据综合评价各指标赋予的权重系数，将七个指标值合成综合值，即为企业创新能力综合评分值 Z_{ij}。由于 2011 年的起始值存在差异，为便于直观理解，对 Z_{ij} 值进行线性转换，即 $LZ_{ij} = Z_{ij} + (100 - Z_{ij}, j = 2011)$，从而使 $LZ_{ij}, j = 2011 = 100$。

三　评价结果

微观企业创新能力综合评价，核心在于调整或消除行业差异性和企业异质性因素对综合评价排序的影响。由于行业差异调节和企业规模差异调节遇到样本企业数较少的情况，难以统一做出一个综合评价排序。同时，时间序列维度的各指标 Z 标准化处理并综合而成的 LZ 值，即使相同年份的不同企业 LZ 值，也不能直接作为比较排序的依据。

因此，本文通过计算企业自身不同年份间的综合评分差，对企业自身的创新能力进行比较。综合评分差的排序不在于比较不同行业、不同规模企业的"创新能力水平"的高低差异性,而在于比较区间"创新能力变化"的高低差异性。

1. 综合评分分组

根据 2011~2015 年历年的企业创新能力综合评价得分值进行分组,分组依据如表 7 所示。

表 7　2011~2015 年样本企业分组依据

组别	2011~2012 年	2012~2013 年	2013~2014 年	2014~2015 年
1	+	+	+	+
	−	+	+	+
2	− / +	−	+	+
3	− / +	− / +	−	+
4	− / +	− / +	+	−
5	− / +	+	−	−
6	+	−	−	−
	−	−	−	−

注:"+"表示该年份综合评分减去前一年份综合评分为正值,"−"表示该年份综合评分减去前一年份综合评分为负值,"−/+"表示该年份综合评分减去前一年份综合评分可以为负值或正值。

根据以上分组依据,将样本企业分为 6 组,各组别组名、企业数及占比如表 8 所示。例如,第 1 组别"最近 3 年及以上创新能力综合评价提升",即表示包含 2012 年以来综合评分呈持续上升的样本企业,一共有 27 家,占总样本企业的 15%。

2. 综合评分排序

根据 2011~2015 年企业创新能力综合评价得分 LZ 值,将 2015 年综合评分减去 2011 年综合评分,得出 2011~2015 年区间的综合评分差 ΔLZ_i,2015 − 2011 = LZ_i,2015 − LZ_i,2011,i = 1,2,

表 8　2011~2015 年样本企业分组情况

单位：家，%

组别	组名	企业数	占比
1	最近 3 年及以上创新能力综合评价提升	27	15
2	最近 2 年创新能力综合评价提升	36	20
3	最近 1 年创新能力综合评价提升	40	22
4	最近 1 年创新能力综合评价下降	61	34
5	最近 2 年创新能力综合评价下降	14	8
6	最近 3 年及以上创新能力综合评价下降	3	2
合计		181	100

3，…，181。根据本文对企业创新能力综合评价指标的设计，该区间的综合评分差为 5 年区间企业创新能力变化程度。其中，综合评分差为正值的共 134 家，综合评分差为负值的共 47 家。

（1）从综合评分差（正值）最大的 20 家排序企业特征看，行业领域中，计算机、通信和其他电子设备制造业 6 家，电气机械和器材制造业 3 家，金属制品业 3 家，橡胶和塑料制品业 3 家，医药制造业 2 家，仪器仪表制造业 1 家，印刷和记录媒介复制业 1 家，化学原料和化学制品制造业 1 家。

所有制类型中，内资企业 11 家，外资企业 6 家，港澳台资企业 3 家。

企业规模中，大型企业 7 家，中型企业 8 家，小型企业 5 家。

（2）从综合评分差（负值）最大的 20 家排序企业特征看，行业领域中，计算机、通信和其他电子设备制造业 5 家，有色金属冶炼和压延加工业 3 家，仪器仪表制造业 2 家，医药制造业 2 家，橡胶和塑料制品业 2 家，化学原料和化学制品制造业 2 家，汽车制造业 1 家，通用设备制造业 1 家，酒、饮料和精制茶制造业 1 家，纺织业 1 家。

所有制类型中，内资企业 10 家，外资企业 5 家，港澳台资企业 5 家。

企业规模中，大型企业 6 家，中型企业 7 家，小型企业 7 家。

四 结论及建议

有连续 R&D 投入的企业可以认定为企业具备相对较强的创新能力，具备创新企业的特征之一。2011～2015 年，从 5 年有连续 R&D 投入的样本企业数量看，积极进行创新升级的企业在数量上占比仍然不高，创新企业的覆盖面仍然有待拓展和培育。181 家样本企业可以认定为厦门辖区内在积极进行创新升级的企业，从企业创新能力综合评分差衡量，2011～2015 年，74% 的样本企业创新能力得到了提升。从样本企业看，R&D 经费内部支出从 2011 年的 50 亿元仅增长到 2015 年的 57 亿元，但最近两年都维持在 57 亿元，表明企业 R&D 投入的增长势头几近停滞。从利润总额变动趋势看，样本企业利润总额从 2011 年的 160 亿元下滑到 2015 年的 85 亿元，经济效益下滑明显，一定程度上对企业加大 R&D 投入带来约束和不利影响，可能导致企业 R&D 经费内部支出增长放缓甚至停滞，将影响企业 R&D 投入的持续性。

结合以上对样本企业的分析和结论，本文提出促进厦门工业企业创新发展的若干建议。

(1) 建立企业创新能力监测体系。在加大样本企业分析基础上，进一步完善厦门辖区工业企业创新能力综合评价指标体系。一是结合统计系统已有的定期工业经济效益综合指数编制工作体系，加入科技、创新等相关指标，构建适应和反映辖区工业企业和创新发展的指数编制体系。二是结合大数据、可视化分析技术，建立厦门辖区工业企业创新发展定期监测评价体系和分析报告体系，为制定和完善工业企业创新发展政策提供更扎实的微观基础和政策制定依据。

（2）完善企业创新发展政策体系。根据工业企业类型特征、监测评价结果等进行分组，制定引导性政策。一是引导没有 R&D 经费内部支出的企业逐步建立研发机构和加强研发投入。完善研发机构认定和支持制度及管理办法，针对该类企业加强研发费用加计扣除等普惠性政策的宣传和普及力度。二是针对有 R&D 经费内部支出以及创新活动相对活跃的企业，逐步转变单纯补贴扶持的政策导向。围绕企业创新活动需求，加强完善创新环境制度建设，政策着重加强外部创新资源要素保障。三是根据企业特征分组，分类引导企业建立研发准备金制度。建立健全运用财政补助机制激励引导企业普遍建立研发准备金制度，实施企业研发经费投入后补助政策，落实创新型企业研发经费加计扣除和科技人才所得税优惠政策。

（3）完善企业创新发展公共服务平台。结合"单一窗口"做法和经验，完善工业企业创新发展公共服务平台建设，提升平台服务企业创新发展的效率和水平。一是加大"互联网＋"等先进技术和管理理念导入，全面统筹外部公共服务与企业内部创新发展流程优化和服务需求，加强外部公共服务平台"外联网"和企业"内联网"的链接。二是提升产业创新发展资金运用水平。进一步拓宽产业创新发展资金规模和参与部门，构建统一资金池和"单一窗口"模式，采取"统一受理、分别初审、统一上会、统一拨付"，优化统筹全市产业政策扶持资金，并将"单一窗口"做法向产业专项资金申报机构和平台拓展，同时政策靶向逐步从重点产业选择向产业共性技术和微观企业创新链薄弱环节直接延伸和覆盖。三是建立和完善产业创新发展资金运作的跨部门联合平台和机制，同时引入社会资金和专业机构，进一步探索企业创新发展资金支持的 PPP 模式。完善技术专家、产业专家、投资专家等多元化专业人员共同参与及评价机制，强化市场化资源配置机制和竞争性资金分配机制。

参考文献

厦门市统计局：《厦门经济特区年鉴》（2012～2016）。

厦门市统计局：《厦门市规模以上工业企业科技统计资料》（2011～2015）。

厦门市统计局：《厦门市规模以上工业企业创新调查资料》，2014。

厦门市发展研究中心、厦门市统计局：《厦门市规模以上工业企业创新调查报告》，2014。

厦门市创新发展能力评估研究

——以创新能力提升实现降成本的视角

楠　玉[*]

本报告着重从创新能力提升实现降成本的视角，以对厦门市的创新能力评估为突破口，考察厦门市与国内其他发达城市综合创新能力的差距，以寻找能有效促进厦门市创新能力提升，从而实现积极降成本的具体实施路径。对创新发展能力指标的构造，我们分别从创新基础条件、创新投入、创新效率和创新环境这四个方面展开。研究发现，厦门市整体创新发展能力仍有较大的提升空间；厦门市创新投入、创新效率和创新环境水平在 2008 年之后是不断改善提升的，但创新基础条件则很不稳定，没能通过平稳提升以实现与其他创新指标的有效配合，从而使创新效能不能充分发挥，造成整体创新发展能力的提升幅度较小。因此，要实现厦门市整体创新发展能力提升以有效应对成本上升，就要重视创新发展能力各个二级指标增长的平衡性，使创新基础条件、创新投入、创新效率和创新环境均实现稳步提升，才能使整体创新效能的发挥更有效率。

---

* 楠玉，中国社会科学院博士后流动站博士后。

一 引言

（一）城市化阶段服务业发展必然会面临成本上升问题

随着经济进入城市化阶段，服务业比重会大幅提升，但服务业部门很难实现像制造业部门那样的劳动生产率提升过程。制造业部门由于存在规模经济，能通过快速的资本积累，实现劳动生产率累积、持续地上升。制造业部门中，劳动力作为产品生产必要的一种要素投入，当产品质量和价格不受影响时，人们并不在意是否创新减少了产品生产中的劳动力需求，因此，制造业部门生产制造产品有激励实现持续、累积的劳动力投入减少过程，这一过程往往伴随产品质量的提高。而服务业部门由于其自身的属性特征，很多服务部门中的劳动恰恰成为其最后提供的产品，产品的质量直接由劳动数量决定，因此，服务业劳动生产率的提升往往较难实现。当某个部门的劳均产出或劳动生产率出现持续提升时，会带来所有部门劳动力工资对应的上涨，从而会使服务业部门的劳动力使用成本相对提高，而且这些成本的提升会一直持续。对于制造业部门而言，工资的上涨可以通过生产率的提升进行补偿，但在服务业部门，这样的补偿方式很难实现，补偿效应也会较小。当制造业部门实现工资和生产率同步上涨时，总成本基本不会上涨；但服务业部门由于自身属性特征，通过减少劳动力实现效率提升过程较难实现，生产率基本是固定的，因而由制造业效率提升造成的工资上涨会完全转嫁至服务业成本的上升。

表1为厦门市第三产业结构变化与对应用工成本增长情况。首

先，我们看到厦门市经济结构服务化趋势已非常明显。厦门市
2008 年第三产业占比为 50.9%，首次超过第二产业占比
（47.8%），2015 年服务业比重已经达到 55.7%。其次，对应第三
产业占比提升的各个阶段，用工成本也表现出加速上升趋势。服务
业比重从 20% 提高至 31.6% 过程中，职工平均工资从 530 元升至
1023 元，增长接近 1 倍；从 31.6% 提高至 42.4% 过程中，工资从
1023 元升至 2771 元，增长接近 2 倍；而从 42.4% 提高至 50.9%
时，职工平均工资从 2771 元上升至 32343 元，增长幅度接近 11
倍。2015 年厦门市职工平均工资为 64319 元，即使与 2008 年基数
较高的工资水平相比，工资已经翻了一番。

表 1　厦门市第三产业结构变化对应就业者工资水平变动情况

单位：%，元

年份	第三产业占比	职工平均工资水平	工资增长倍数
1976	20	530	—
1984	31.6	1023	0.93
1989	42.4	2771	1.70
2008	50.9	32343	10.67
2015	55.7	64319	0.99

（二）通过创新能力发展提升提高生产效率，是服务业城
市化阶段有效补偿劳动成本上升、实现积极降成本的根本途径

随着经济发展，制造业效率提升成为必然趋势，进而会造成
整个社会尤其是服务业部门劳动者工资上涨，使成本上升，而对
成本上升的补偿只能通过服务业效率提升来实现。因此，在经济
服务化阶段，要有效实现对经济成本上升的补偿，根本实现降成

本的目标，只有通过提升经济体的创新发展能力，实现生产效率提升，才能对经济成本上升进行有效补偿，完成积极降成本的目标。

制造业效率提升在厦门市制造业各行业中已表现得非常明显。我们用制造业各行业的总产值除以从业人数表征的各行业劳动生产率来反映各行业的生产效率，其变动情况如表2所示。制造业各行业除个别行业，如专用设备制造业和化学纤维制造业生产效率在2009年前后有较明显的下降外，其他各行业生产效率均呈现整体上升趋势。同时，我们也对厦门市服务业各行业生产效率进行计算，厦门市服务业各行业效率变动情况如表3所示。服务业各行业生产效率变动差异较大；传统服务业，如批发和零售业、住宿和餐饮业等，在2008年之后表现出显著的效率下滑；而与整个社会创新和效率驱动密切相关的现代服务业或知识密集型服务业的生产效率变动差异较大。其中，交通运输、仓储和邮政业表现出较明显的生产效率提升特征；信息传输、软件和技术服务业整体效率下降趋势明显；其他各行业，如科学研究和技术服务业、金融业、教育以及文化、体育和娱乐业等则多表现为近几年生产效率的明显下滑。

表2 厦门市制造业各行业效率变动情况

纺织服装、服饰业	专用设备制造业	橡胶和塑料制品业

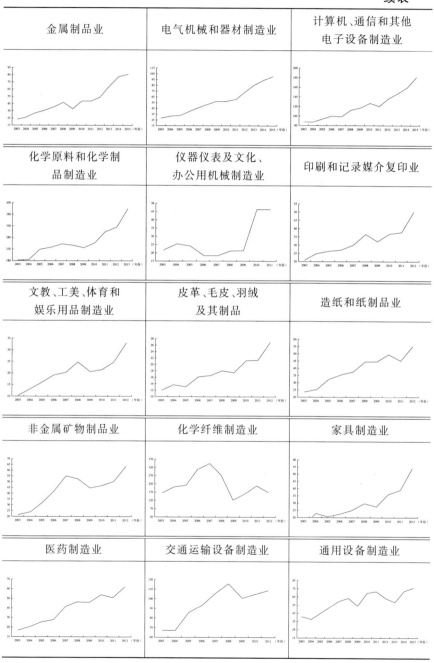

资料来源：历年《厦门经济特区年鉴》。

表3 厦门市服务业各行业效率变动情况

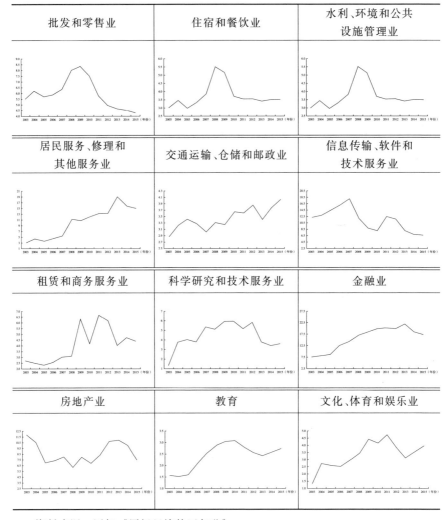

资料来源：历年《厦门经济特区年鉴》。

然而，制造业效率提升造成的成本上升问题，其着重强调的是劳动力成本上升对服务业的影响。就服务业的分类来看，其对传统服务业和现代服务业的影响不能一概而论。传统服务业主要是劳动密集型产业，对知识和技术的要求不高，其所提供的服务主要满足消费者的基本需求，如批发、零售、餐饮、仓储等行业，而现代服务业多属于资本密集型或知识技术密集型产业。因此，劳动力成本上升对传统服务业的影响较为显著。要通过创新发展，破解劳动力成本硬约束，较容易在现代服务业部门实现。因此，本文对厦门市创新能力评估发展，也着重关注现代服务业或知识密集型服务业创新指标，详见后文指标选取部分。

由上述分析发现，城市化发展阶段迫切需要通过提升效率，尤其是现代服务业的生产效率，有效补偿和应对成本上升的服务业尤其是现代服务业各行业多数呈现的生产效率下滑特征。行业面临的高成本，除了有制度安排、要素供给政策等因素的影响外，也与行业自身的生产技术和创新能力密切相关。在外部环境造成的成本上升无法改变的情况下，如果企业能够实现创新能力提升，则能有效补偿生产中面临的各种成本的上升，从而实现积极的降成本。因此，基于以上分析，本章着重从创新能力提升实现降成本的视角，以对厦门市的创新能力评估为突破口，考察厦门市与国内其他发达城市综合创新能力的差距，以寻找能有效促进厦门市创新能力提升，从而实现积极降成本的具体实施路径。

二　厦门市与国内发达城市创新能力发展比较

为了研究厦门市创新能力发展问题，并和国内发达城市比较，我们将在国内外创新能力指标的基础上，结合中国发达城市实际，将中国发达城市创新能力发展分为四个一级指标，即创新基础条件、创新投入、创新效率和创新环境，并选取了 16 个具体指标，利用 2008 ~ 2015 年数据，采用层次分析法对厦门创新发展能力指标进行测度，并与国内其他五大发达城市情况进行比较分析。

需要强调的是，在经济服务化阶段，增长主要是由知识生产部门（知识密集型服务业或现代服务业）主导，区别于过去高增长阶段由物质部门（工业部门）主导经济的增长模式。知识生产部门通过自身的机制创造可以对其他经济部门产生显著的外部性，从而促进传统物质生产部门和传统服务部门结构升级优化和效率提升。因此，我们对创新指标的选取重点关注了反映知识密集型服务业发展的一些变量，来对服务经济阶段城市发展的创新能力进行反映，具体见下文的指标设计部分。

（一）方法说明及指标体系设计

1. 层次分析方法

层次分析法（Analytic Hierarchy Process，AHP）是萨蒂（T. L. Saaty）等人 20 世纪 70 年代提出的一种决策方法。它是对方案的多指标系统进行分析的一种层次化、结构化决策方法，它将决策者对复杂系统的决策思维过程模型化、数量化。应用这种方法，决策者将复杂问题分解为若干层次和若干因素，在各因素之间进行简单的比较和计算，就可以得出不同方案的权重，为最佳方案的选择或者评价提供依据。

层次分析法优点有三个。①系统性的分析方法。层次分析法把研究对象作为一个系统，按照分解、比较判断、综合的思维方式进行决策，成为继机理分析、统计分析之后发展起来的系统分析的重要工具。系统的思想在于不割断各个因素对结果的影响，而层次分析法中每一层的权重设置最后都会直接或间接影响到结果，而且每个层次中的每个因素对结果的影响程度都是量化的，非常清晰、明确。这种方法尤其可用于对无结构特性的系统评价以及多目标、多准则、多时期等的系统评价。②简洁实用的决策方法。这种方法既不单纯追求高深数学，又不片面地注重行为、逻辑、推理，而是把定性方法与定量方法有机地结合起来，使复杂的系统分解，能将人们的思维过程数学化、系统化，便于人们接受，且能把多目标、多准则又难以全部量化处理的决策问题化为多层次单目标问题，通过两两比较确定同一层次元素相对上一层次元素的数量关系，最后进行简单的数学运算。即使是具有中等文化程度的人也可了解层次分析的基本原理和掌握它的基本步骤，计算也非常简便，并且所得结果简单明确，容易为决策者了解和掌握。③所需定量数据信息较少。层次分析法主要是从评价者对评价问题的本质、要素的理解出发，比一般的定量方法更讲求定性的分析和判断。由于层次分析法是一种模拟人们决策过程的思维方式的一种方法，层次分析法把判断各要素的相对重要性的步骤留给了大脑，只保留人脑对要素的印象，化为简单的权重进行计算。这种思想能处理许多用传统的最优化技术无法着手的实际问题。

层次分析法的基本原理如图 1 所示。

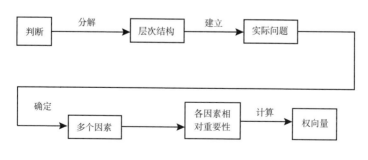

图 1　层次分析法原理

综合评价目标：

设 x_1，x_2，$\cdots$，x_n 为对应各因素的决策变量，其线性组合：

$$y = w_1 x_2 + w_2 x_2 + \cdots + w_n x_n$$

是综合评判函数。

w_1，w_2，$\cdots$，w_n 是权重系数，其满足：

$$w_i \geq 0, \sum_{i=1}^{n} w_i = 1$$

层次分析法有五个基本步骤。

（1）建立层次分析结构模型。深入分析实际问题，将有关因素自上而下分层，上层受下层影响，而层内各因素基本上相对独立。

（2）构造成对比较阵。用成对比较法和 1~9 尺度，构造各层对上一层每一因素的成对比较阵。

为了量化两两比较结果，引入 1~9 的标度，如表 4 所示。

表 4　层次分析法赋值说明

标度 a_{ij}	定义
1	因素 i 与因素 j 同样重要
3	因素 i 比因素 j 稍微重要
5	因素 i 比因素 j 比较重要
7	因素 i 比因素 j 十分重要
9	因素 i 比因素 j 绝对重要
2,4,6,8	介于两相邻重要程度之间

只要作出 $n(n-1)/2$ 个数，其余对称位置是倒数。

（3）计算权向量并作一致性检验（CI 越小，说明一致性越大，一致性要求 CI < 0.1）。对每一成对比较阵计算最大特征根和特征

向量，作一致性检验，若通过，则特征向量为权向量。

一致性指标 CI：

若 CI = 0，则完全一致；

若 CI ≠ 0，则不一致。

一般对 CI < 0.1，认可一致。

（4）计算组合权向量（作组合一致性检验）。组合权向量可作为决策或评价的定量依据。

2. 指标体系设计

表5 创新发展指标体系构建

层次	指标
创新基础条件	人均 GDP 增长率
	劳动力受教育程度
	劳均资本存量
	第三产业贡献率
创新投入	R&D 经费投入强度
	R&D 人员数
	每十万人高等教育平均在校生数
	知识密集型服务业固定资产投资占比
创新效率	专利授权量
	第三产业劳动生产率
	知识密集型服务业增加值占比
	人均消费支出中知识消费占比
创新环境	最终消费率
	移动电话普及率
	互联网普及率
	职工平均实际工资指数

注：知识密集型服务业包括：交通运输、仓储和邮政业，信息传输、软件和信息技术服务业，租赁和商务服务业，科学研究和技术服务业，地质勘探业，教育，文化、体育和娱乐业。深圳、广州依据以上进行测算；北京、上海、天津知识密集型服务业包括：交通运输、仓储和邮政业，其他两类；城镇居民人均消费支出中知识消费包括：交通通信、教育文化娱乐、医疗保健、其他用品及服务。

3. 创新发展能力指标层次设定

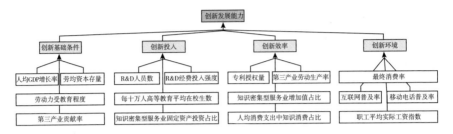

图 2　创新发展指标设计示意

（二）城市创新能力发展的权重估计结果

1. 判断矩阵设定

（1）各层次权重（判断矩阵一致性比例：0.0228）

表 6　创新发展指标各层次权重

决策目标	创新基础条件	创新投入	创新效率	创新环境	w_i
创新基础条件	1.0000	2.0000	4.0000	6.0000	0.4969
创新投入	0.5000	1.0000	2.0000	6.0000	0.2953
创新效率	0.2500	0.5000	1.0000	3.0000	0.1477
创新环境	0.1667	0.1667	0.3333	1.0000	0.0601

（2）创新基础条件（判断矩阵一致性比例：0.0795；对总目标的权重：0.4969）

表 7　创新发展基础条件指标权重

知识生产	人均 GDP 增长率	劳均资本存量	劳动力受教育程度	第三产业贡献率	w_i
人均 GDP 增长率	1.0000	6.0000	7.0000	3.0000	0.5715
劳均资本存量	0.1667	1.0000	4.0000	0.3333	0.1304

续表

知识生产	人均 GDP 增长率	劳均资本存量	劳动力受教育程度	第三产业贡献率	w_i
劳动力受教育程度	0.1429	0.2500	1.0000	0.2500	0.0571
第三产业贡献率	0.3333	3.0000	4.0000	1.0000	0.2409

（3）创新投入（判断矩阵一致性比例：0.0039；对总目标的权重：0.2953）

表8　创新发展投入指标权重

知识配置	R&D 人员数	R&D 经费投入强度	每十万人高等教育平均在校生数	知识密集型服务业固定资产投资占比	w_i
R&D 人员数	1.0000	0.2500	2.0000	0.5000	0.1377
R&D 经费投入强度	4.0000	1.0000	6.0000	2.0000	0.5125
每十万人高等教育平均在校生数	0.5000	0.1667	1.0000	0.2500	0.0743
知识密集型服务业固定资产投资占比	2.0000	0.5000	4.0000	1.0000	0.2755

（4）创新效率（判断矩阵一致性比例：0.0251；对总目标的权重：0.1477）

表9　创新发展效率指标权重

知识效率	专利授权量	第三产业劳动生产率	知识密集型服务业增加值占比	人均消费支出中知识消费占比	w_i
专利授权量	1.0000	0.2500	2.0000	4.0000	0.2076
第三产业劳动生产率	4.0000	1.0000	6.0000	7.0000	0.6171

续表

知识效率	专利授权量	第三产业劳动生产率	知识密集型服务业增加值占比	人均消费支出中知识消费占比	w_i
知识密集型服务业增加值占比	0.5000	0.1667	1.0000	2.0000	0.1105
人均消费支出中知识消费占比	0.2500	0.1429	0.5000	1.0000	0.0648

（5）创新环境（判断矩阵一致性比例：0.0172；对总目标的权重：0.0601）

表 10 创新发展环境指标权重

知识效率	最终消费率	职工平均实际工资指数	互联网普及率	移动电话普及率	w_i
最终消费率	1.0000	4.0000	0.5000	2.0000	0.2895
职工平均实际工资指数	0.2500	1.0000	0.1667	0.3333	0.0694
互联网普及率	2.0000	6.0000	1.0000	2.0000	0.4496
移动电话普及率	0.5000	3.0000	0.5000	1.0000	0.1915

2. 权重估计结果

（1）一级指标权重

在一级指标中，创新基础条件占 0.4969，创新投入占 0.2953，创新效率占 0.1477，创新环境占 0.0601。

表 11 城市创新发展一级指标权重

一级指标	权重
创新基础条件	0.4969
创新投入	0.2953

一级指标	权重
创新效率	0.1477
创新环境	0.0601

（2）具体指标权重

表 12　创新发展各级指标权重

一级指标	一级权重	具体指标	权重	本级内权重
创新 基础条件	0.4969	人均 GDP 增长率	0.2840	0.5715
		劳动力受教育程度	0.0284	0.0571
		劳均资本存量	0.0648	0.1304
		第三产业贡献率	0.1197	0.2409
创新投入	0.2953	R&D 经费投入强度	0.1514	0.5125
		R&D 人员数	0.0407	0.1377
		每十万人高等教育平均在校生数	0.0219	0.0743
		知识密集型服务业固定资产投资占比	0.0814	0.2755
创新效率	0.1477	专利授权量	0.0307	0.2076
		第三产业劳动生产率	0.0911	0.6171
		知识密集型服务业增加值占比	0.0163	0.1105
		人均消费支出中知识消费占比	0.0096	0.0648
创新环境	0.0601	最终消费率	0.0173	0.2895
		移动电话普及率	0.0115	0.1915
		互联网普及率	0.0270	0.4496
		职工平均实际工资指数	0.0042	0.0694

（3）具体指标权重排序

表 13　创新发展各级指标权重排序

具体指标	权重	序号
人均 GDP 增长率	0.2840	1
R&D 经费投入强度	0.1514	2
第三产业贡献率	0.1197	3
第三产业劳动生产率	0.0911	4
知识密集型服务业固定资产投资占比	0.0814	5
劳均资本存量	0.0648	6
R&D 人员数	0.0407	7
专利授权量	0.0307	8
劳动力受教育程度	0.0284	9
互联网普及率	0.0270	10
每十万人高等教育平均在校生数	0.0219	11
最终消费率	0.0173	12
知识密集型服务业增加值占比	0.0163	13
移动电话普及率	0.0115	14
人均消费支出中知识消费占比	0.0096	15
职工平均实际工资指数	0.0042	16

（三）厦门与五大发达城市创新发展能力情况

1. 六大城市创新发展能力得分及排名

表 14 为厦门市和五大发达城市创新发展能力综合排名情况。2008～2015 年城市创新发展排名第一的城市和对应的年份分别为：厦门市（2008 年、2010 年、2011 年）、上海市（2009 年、2015 年）、广州市（2012 年、2013 年）、北京市（2014 年）。就厦门市

创新发展能力情况来看，排名波动幅度较大，厦门市创新发展能力在 2008 之后几年排名领先，至 2012 年排名垫底，一直持续至今。2008 年全球经济危机对发达城市的冲击较早，因此对厦门市的冲击反应表现得则相对滞后，2012 年才有明显的体现；同时，也表明厦门市与其他五大发达城市相比，应对危机的经济调整弹性较差，受外部冲击影响后排名一直相对落后。

表 14　2008～2015 年六大发达城市创新发展能力排名

年份	2008	2009	2010	2011	2012	2013	2014	2015
北京市	5	4	5	5	3	3	1	2
天津市	2	2	3	2	4	5	5	4
上海市	3	1	2	6	5	4	3	1
广州市	6	5	6	3	1	1	2	3
深圳市	4	3	4	4	2	2	4	5
厦门市	1	6	1	1	6	6	6	6

2. 六大城市创新发展能力综合得分

图 3 至图 5 分别反映了 2008 年、2011 年和 2015 年六大城市创新发展能力综合得分情况。

3. 六大城市创新发展能力指数

表 15 和图 6 反映了六大发达城市 2009～2015 年创新发展能力指数（上一年 = 100）情况，表 16 和图 7 反映了 2008～2015 年六大发达城市以 2008 年为基期的创新发展能力指数情况。与上一年的创新发展能力情况相比，五大发达城市的增长表现的均较为平稳，而厦门市则表现得波动较大，2010 年创新发展能力指数为141.73，波动幅度达到最大；而表现较差时，2012 年增长指数仅

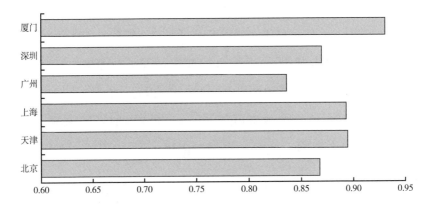

图 3　2008 年六大城市创新发展能力得分情况

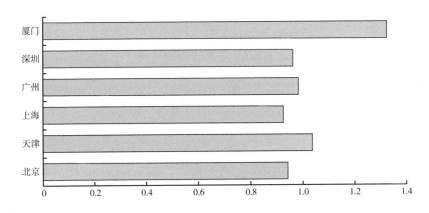

图 4　2011 年六大城市创新发展能力得分情况

为 74.32，波动情况在图形中表现得很明显（见图 6）。以 2008 年为基期的创新发展能力指数变动情况也呈现类似的变动特征，如图 7 所示。五大发达城市 2008 年以来呈现平稳增长的变动特征，而厦门市则波动幅度较大，2009 年达到波动的波谷，创新发展能力指数为 89.73，2011 年变动至波峰的位置，指数为 142.18，至 2013 年波动下降幅度也较大。以 2008 为基期的指数波动特征稍滞后于较上一年的增长变动情况。

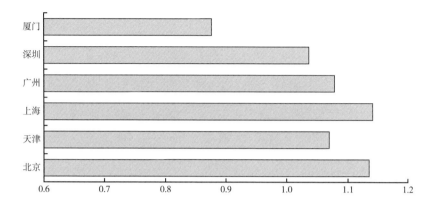

图 5　2015 年六大城市创新发展能力得分情况

表 15　2009～2015 年六大城市创新发展能力指数（上一年＝100）

年份	2009	2010	2011	2012	2013	2014	2015
北京市	103.37	103.56	101.26	111.37	102.71	102.35	103.05
天津市	103.34	105.48	106.51	100.30	99.71	98.06	105.15
上海市	104.08	108.58	91.80	107.66	104.88	100.98	108.09
广州市	100.89	105.14	110.76	114.62	103.76	92.20	100.20
深圳市	103.55	106.35	100.47	113.96	102.67	93.39	98.57
厦门市	89.73	141.73	111.79	74.32	92.96	104.22	92.04

表 16　2008～2015 年六大城市创新发展能力指数（以 2008 年为基期）

年份	2008	2009	2010	2011	2012	2013	2014	2015
北京市	100	103.37	107.06	108.41	120.73	124.01	126.93	130.81
天津市	100	103.34	109.01	116.11	116.47	116.13	113.88	119.75
上海市	100	104.08	113.02	103.76	111.71	117.16	118.31	127.90
广州市	100	100.89	106.09	117.51	134.69	139.75	128.86	129.13
深圳市	100	103.55	110.13	110.65	126.10	129.46	120.91	119.18
厦门市	100	89.73	127.18	142.18	105.67	98.24	102.39	94.25

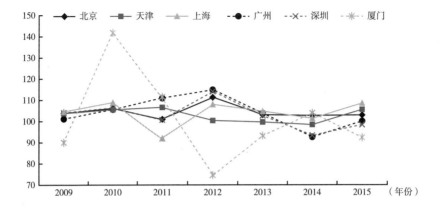

图 6　2009 ～ 2015 年六大城市创新发展能力指数（上一年 = 100）

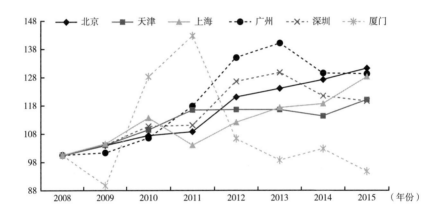

图 7　2008 ～ 2015 年六大城市创新发展能力指数（以 2008 年为基期）

（四）六大城市创新发展能力一级指标情况

1. 六大城市创新基础条件情况

（1）六大城市创新基础条件得分及排名

表 17 为厦门市和五大发达城市创新基础条件综合排名情况。2008 ～ 2015 年城市创新发展排名第一的城市和对应的年份分别为：厦门市（2008 年、2010 年、2011 年）、天津市（2009 年）、广州

市（2012年、2013年）、北京市（2014年）、上海市（2015年）。
厦门市创新基础条件排名与创新发展能力变动情况基本一致，2008
年初期在六大城市中排名领先，至2012年经济未能及时应对危机
做出调整，使排名相对落后，至今仍未有起色。

表17　2008~2015年六大城市创新基础条件排名

年份	2008	2009	2010	2011	2012	2013	2014	2015
北京市	4	2	4	6	3	3	1	2
天津市	2	1	2	2	4	5	5	5
上海市	5	3	3	5	5	4	3	1
广州市	6	5	6	3	1	1	2	4
深圳市	3	4	5	4	2	2	4	3
厦门市	1	6	1	1	6	6	6	6

（2）六大城市创新基础条件综合得分

图8至图10分别反映了2008年、2011年和2015年六大城市
创新基础条件得分情况。

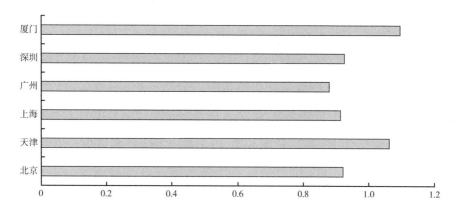

图8　2008年六大城市创新基础条件得分情况

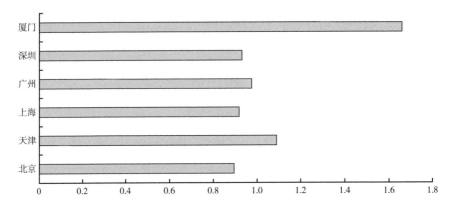

图 9　2011 年六大城市创新基础条件得分情况

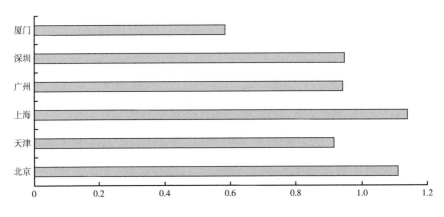

图 10　2015 年六大城市创新基础条件得分情况

（3）六大城市创新基础条件指数

表 18 和图 11 反映了六大发达城市 2009～2015 年创新基础条件指数（上一年＝100）情况，表 19 和图 12 反映了 2008～2015 年六大发达城市以 2008 年为基期的创新基础条件指数情况。整体而言，创新基础条件指数的变动情况与创新发展能力综合指数变动情况较为一致。其中，以 2008 年为基期的创新基础条件指数变动图中，北京市和上海市一直保持着较平稳的上升趋势，广州市和

深圳市在 2013 年增长达到一个较高点之后缓慢下降，而天津的整体下降趋势则表现得较为明显；厦门市的增长波动较其他城市表现得较为明显，在 2011 年增长至较高水平后，增长率也开始逐渐减缓。

表 18　2009～2015 年六大城市创新基础条件指数（上一年 = 100）

年份	2009	2010	2011	2012	2013	2014	2015
北京市	104.16	100.97	92.32	114.17	103.44	101.01	103.99
天津市	99.50	102.07	100.63	91.40	95.62	89.65	107.64
上海市	97.85	119.51	85.85	107.74	105.19	99.61	110.06
广州市	92.04	106.81	112.93	124.03	104.91	81.82	90.43
深圳市	95.42	107.03	99.10	124.14	101.09	87.86	91.92
厦门市	72.76	182.09	114.31	53.95	83.73	103.71	75.38

表 19　2008～2015 年六大城市创新基础条件指数（以 2008 年为基期）

年份	2008	2009	2010	2011	2012	2013	2014	2015
北京市	100	104.16	105.18	97.11	110.87	114.70	115.86	120.49
天津市	100	99.50	101.56	102.21	93.42	89.33	80.09	86.21
上海市	100	97.85	116.95	100.41	108.18	113.80	113.37	124.78
广州市	100	92.04	98.325	111.04	137.73	144.50	118.23	106.92
深圳市	100	95.42	102.13	101.21	125.65	127.02	111.61	102.60
厦门市	100	72.76	132.48	151.45	81.72	68.42	70.96	53.49

2. 六大城市创新投入情况

（1）六大城市创新投入得分及排名

表 20 为厦门市和五大发达城市创新投入排名情况。2008～2015 年城市创新投入排名第一的城市和对应的年份分别为：上海

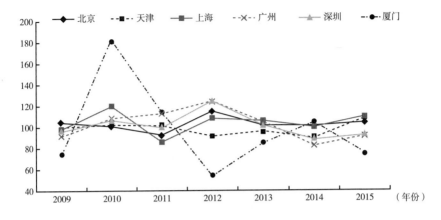

图 11　2009～2015 年六大城市创新基础条件指数（上一年 =100）

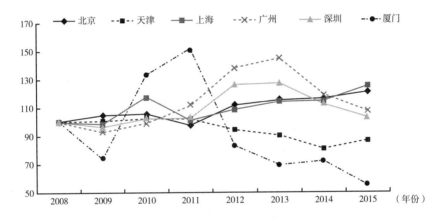

图 12　2008～2015 年六大城市创新基础条件指数（以 2008 年为基期）

市（2008 年、2009 年）、深圳市（2010 年）、厦门市（2011 年、2013 年）、北京市（2012 年）、天津市（2014 年、2015 年）。就厦门市创新投入排名情况来看，2008 年以来呈现逐渐向好的趋势，2011 年和 2013 年甚至在六大城市中排名领先；2011 年以来厦门市创新投入排名波动较大，2015 年在六大城市中排名第五位。

表 20　2008～2015 年六大城市创新投入排名

年份	2008	2009	2010	2011	2012	2013	2014	2015
北京市	3	4	5	5	1	3	3	4
天津市	5	6	6	4	2	2	1	1
上海市	1	1	4	6	6	5	4	3
广州市	4	3	3	3	4	6	5	2
深圳市	2	2	1	2	5	4	6	6
厦门市	6	5	2	1	3	1	2	5

（2）六大城市创新投入综合得分

图 13 至图 15 分别反映了 2008 年、2011 年和 2015 年六大城市创新投入得分情况。

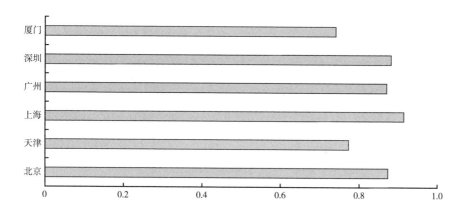

图 13　2008 年六大城市创新投入得分情况

（3）六大城市创新投入指数

表 21 和图 16 反映了六大发达城市 2009～2015 年创新投入指数（上一年＝100）情况，表 22 和图 17 反映了 2008～2015 年六大发达城市以 2008 年为基期的创新投入指数情况。就上一年的增长率而言，厦门市创新投入增长基本处于下降的趋势，2009 年增长

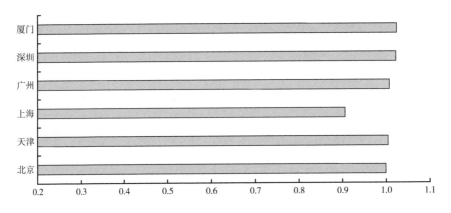

图14　2011 年六大城市创新投入得分情况

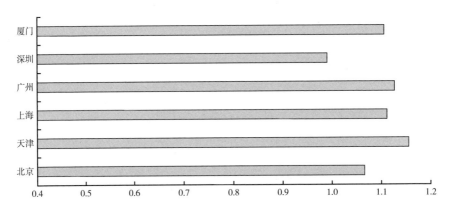

图15　2015 年六大城市创新投入得分情况

率为 19.11%，2013 年之后基本呈现无增长状态。但与其他五大发达城市相比，厦门市没有表现出负增长的情况。五大发达城市的增长情况波动较大，2015 年创新投入得分表现较好的是上海市和广州市，增长率分别为 5.09% 和 7.67%，深圳市和厦门市基本处于零增长状态，这两个城市整体下滑趋势表现较为明显，而北京市和天津市与上一年相比，创新投入是下降的。以 2008 年为基期的创新投入变动情况趋势则表现得较为明显，整体处于上升态势，其中上升趋势较为明显的是天津市和厦门市。与 2008 年相比，厦门市创新投入增长近 50%。

表 21　2009～2015 年六大城市创新投入指数（上一年 = 100）

年份	2009	2010	2011	2012	2013	2014	2015
北京市	102.66	100.32	110.92	109.69	97.94	101.55	97.82
天津市	107.91	103.98	115.92	108.94	99.57	107.87	98.40
上海市	111.91	91.28	97.08	111.36	103.58	101.30	105.09
广州市	112.79	97.54	105.43	101.54	96.72	105.80	107.67
深圳市	113.19	104.40	98.22	99.29	105.11	92.14	100.86
厦门市	119.11	109.41	106.31	106.18	100.59	100.75	100.11

表 22　2008～2015 年六大城市创新投入指数（以 2008 年为基期）

年份	2008	2009	2010	2011	2012	2013	2014	2015
北京市	100	102.66	103.00	114.25	125.33	122.76	124.67	121.96
天津市	100	107.91	112.21	130.07	141.71	141.11	152.23	149.80
上海市	100	111.91	102.16	99.19	110.46	114.42	115.92	121.83
广州市	100	112.79	110.02	115.99	117.78	113.92	120.53	129.79
深圳市	100	113.19	118.17	116.08	115.25	121.15	111.63	112.60
厦门市	100	119.11	130.33	138.56	147.13	148.01	149.13	149.30

3. 六大城市创新效率情况

（1）六大城市创新效率得分及排名

表 23 为厦门市和五大发达城市创新效率排名情况。2008～2015 年城市创新效率排名第一的城市和对应的年份分别为：厦门市（2008 年、2009 年）、上海市（2010 年、2011 年）、深圳市（2012 年）、天津市（2013 年）、北京市（2014 年）、广州市（2015 年）。就厦门市创新效率情况来看，2008 年以来整体处于恶化趋势，至 2013 年后情况有所改观。

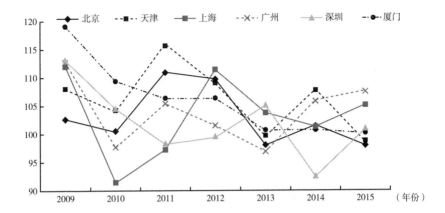

图 16　2009~2015 年六大城市创新投入指数（上一年 = 100）

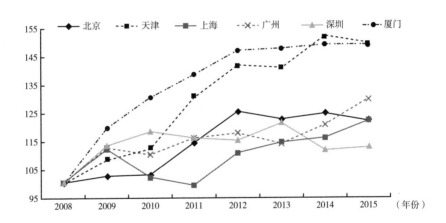

图 17　2008~2015 年六大城市创新投入指数（以 2008 年为基期）

表 23　2008~2015 年六大城市创新效率排名

年份	2008	2009	2010	2011	2012	2013	2014	2015
北京市	5	5	4	2	5	3	1	3
天津市	6	6	6	3	2	1	2	2
上海市	2	2	1	1	3	4	6	6
广州市	4	4	5	5	4	2	3	1
深圳市	3	3	2	4	1	5	5	4
厦门市	1	1	3	6	6	6	4	5

（2）六大城市创新效率综合得分

图 18 至图 20 分别反映了 2008 年、2011 年和 2015 年六大城市创新效率得分情况。

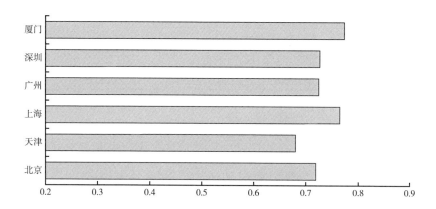

图 18 2008 年六大城市创新效率得分情况

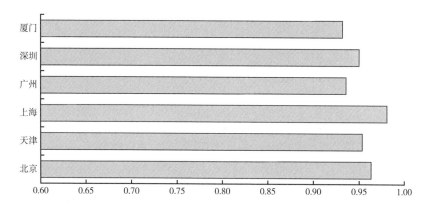

图 19 2011 年六大城市创新效率得分情况

（3）六大城市创新效率指数

表 24 和图 21 反映了六大发达城市 2009～2015 年创新效率指数（上一年＝100）情况，表 25 和图 22 反映了 2008～2015 年六大发达城市以 2008 年为基期的创新效率指数情况。就上一年的创新

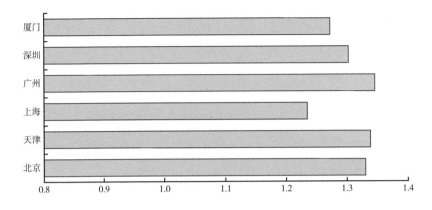

图 20 2015 年六大城市创新效率得分情况

效率增长情况而言，厦门市波动较大，2009 增长较快，增长率达到 14.18%，2010 年创新效率增长出现大幅下降，接近零增长状态。2015 年厦门市创新效率增长率为 8.21%。其他五大发达城市创新效率增长率波动也较为明显，整体变动趋势基本一致。2015年六大城市中，创新效率增长较为领先的是广州市和深圳市，其次是天津市和北京市，增长率也达到 10% 以上的水平，上海市和厦门市略低，创新效率增长在 9% 左右。以 2008 年为基期的创新效率指数则表现出稳步上升的变动态势。与 2008 年相比，厦门市创新效率增长 64.27%，在五大城市中排名略低。

表 24 2009～2015 年六大城市创新效率指数（上一年 = 100）

年份	2009	2010	2011	2012	2013	2014	2015
北京市	105.75	112.94	112.09	107.11	109.68	106.53	110.51
天津市	108.01	113.99	113.59	112.01	110.78	101.49	111.47
上海市	108.03	112.31	105.63	106.56	103.97	104.32	108.96
广州市	108.79	107.60	110.35	111.61	108.72	104.04	113.90
深圳市	111.86	111.21	104.93	113.37	100.26	106.26	113.46
厦门市	114.18	99.21	106.23	109.97	103.28	111.03	108.21

表 25　2008～2015 年六大城市创新效率指数（以 2008 年为基期）

年份	2008	2009	2010	2011	2012	2013	2014	2015
北京市	100	105.75	119.44	133.89	143.42	157.31	167.59	185.22
天津市	100	108.01	123.12	139.87	156.67	173.57	176.16	196.38
上海市	100	108.03	121.34	128.18	136.59	142.01	148.16	161.44
广州市	100	108.79	117.06	129.18	144.18	156.77	163.11	185.80
深圳市	100	111.86	124.40	130.54	148.01	148.39	157.69	178.92
厦门市	100	114.18	113.27	120.34	132.35	136.70	151.79	164.27

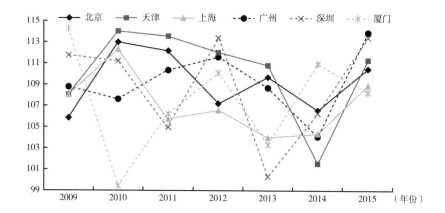

图 21　2009～2015 年六大城市创新效率指数（上一年 = 100）

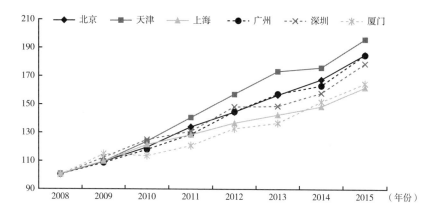

图 22　2008～2015 年六大城市创新效率指数（以 2008 年为基期）

4. 六大城市创新环境情况

（1）六大城市创新环境得分及排名

表 26 为厦门市和五大发达城市创新环境排名情况。2008 ~ 2015 年城市创新环境排名第一的城市和对应的年份分别为：上海市（2008 年、2009 年）、天津市（2010 年）、广州市（2011 年、2013 年、2015 年）、厦门市（2012 年）、深圳市（2014 年）。就厦门市创新环境情况来看，在六大城市中处于中上游水平，同时波动较为明显。2008 年以来排名逐渐下滑，至 2011 年厦门创新环境指标突然向好，之后又基本处于下滑态势。2015 年厦门市创新环境在六大城市中排第 4 位。

表 26　2008 ~ 2015 年六大城市创新环境排名

年份	2008	2009	2010	2011	2012	2013	2014	2015
北京市	2	5	3	3	4	6	4	5
天津市	5	4	1	4	3	4	5	3
上海市	1	1	2	5	6	5	6	6
广州市	6	6	4	1	2	1	2	1
深圳市	4	2	5	6	5	3	1	2
厦门市	3	3	6	2	1	2	3	4

（2）六大城市创新环境综合得分

图 23 至图 25 分别反映了 2008 年、2011 年和 2015 年六大城市创新环境得分情况。

（3）六大城市创新环境指数

表 27 和图 26 反映了六大发达城市 2009 ~ 2015 年创新环境指数（上一年 = 100）情况，表 28 和图 27 反映了 2008 ~ 2015 年六大发达城市以 2008 年为基期的创新环境指数情况。就上一年的创新

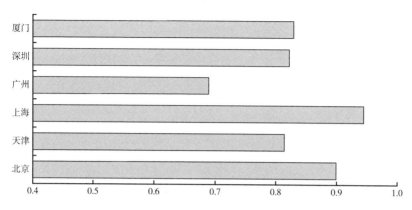

图 23 2008 年六大城市创新环境得分情况

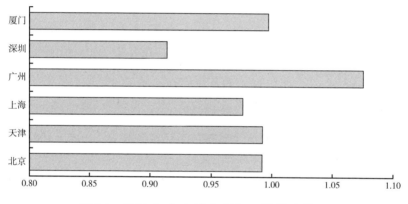

图 24 2011 年六大城市创新环境得分情况

环境增长情况变化而言，各个城市较多年份出现了负增长的情形，2015 年三个城市表现为负增长，即北京市、深圳市和厦门市，除天津增长 5.87% 外，上海市和广州市基本处于无增长状态。就整体趋势而言，虽然波动较大，但 2012 年前后各个城市均表现出明显的创新环境恶化趋势，增长率下降明显，尤其是厦门市增长率从 2011 年增长 20.31% 到 2015 年却表现为负增长。以 2008 年为基期的创新环境增长变化情况，各个城市整体均表现出平稳增长的趋势，其中广州市的增长较为领先，2015 年与 2008 年相比，创新环

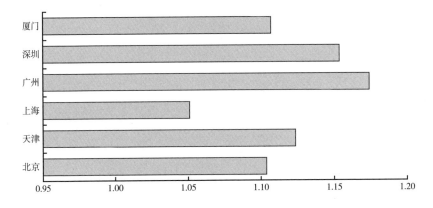

图 25　2015 年六大城市创新环境得分情况

境增长超过 70%，其他各个城市累计增长基本不超过 40%，创新
环境增长排名依次是深圳市、天津市、厦门市、北京市和上海市。
厦门市 2015 年创新环境增长率为 33.29%。

表 27　2009～2015 年六大城市创新环境指数（上一年＝100）

年份	2009	2010	2011	2012	2013	2014	2015
北京市	93.50	114.37	103.07	104.47	101.79	104.93	99.72
天津市	103.65	122.51	96.00	106.66	101.49	98.83	105.87
上海市	102.00	101.81	99.51	98.65	111.45	97.95	100.02
广州市	101.87	126.69	120.87	104.08	107.16	96.26	101.69
深圳市	114.04	94.18	103.37	107.14	112.18	110.34	95.22
厦门市	102.00	97.83	120.31	112.82	100.18	101.12	97.11

表 28　2008～2015 年六大城市创新环境指数（以 2008 年为基期）

年份	2008	2009	2010	2011	2012	2013	2014	2015
北京市	100	93.50	106.94	110.23	115.17	117.23	123.02	122.68
天津市	100	103.65	126.99	121.92	130.05	132.00	130.47	138.13
上海市	100	102.00	103.85	103.34	101.96	113.64	111.32	111.34
广州市	100	101.87	129.06	156.00	162.36	173.99	167.50	170.33
深圳市	100	114.05	107.41	111.03	118.96	133.46	147.26	140.23
厦门市	100	102.01	99.79	120.07	135.47	135.72	137.25	133.29

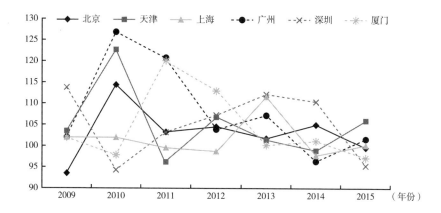

图 26　2009～2015 年六大城市创新环境指数（上一年 ＝ 100）

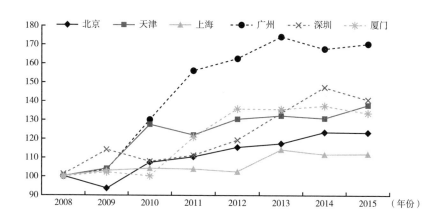

图 27　2008～2015 年六大城市创新环境指数（以 2008 年为基期）

（五）六大城市知识创新发展雷达图

这一部分重点关注 2008～2015 年创新发展能力一级指标雷达图，从雷达图可以看出影响发达城市创新发展能力的二级指标创新基础条件、创新投入、创新效率和创新环境的得分情况对比，从而可以对五大发达城市和厦门市自身的创新发展能力状况进行比较。较其他五大发达城市相比，厦门市各个指标变动的平衡性表现较差，以2008年、2011年和2015年各年指标变动反映的变动趋势来看，厦门市创新投入、创新效率和创新环境水平是在不断改善提升的，但创新基础条件则表现出前两个时期提升过快，不能与其他创新指标实现有效配合，创新效能不能充分发挥，从而造成整体创新发展能力的提升幅度较小。而以2015年评估的创新基础条件则恶化得较为严重，远低于2008年的水平，因此厦门市其他创新指标虽然表现出稳步增长的趋势，但整体创新发展能力与2008年相比几乎无改善，并远低于2011年的水平。

图28至图33是2008年、2011年、2015年六大城市综合创新发展能力雷达图。

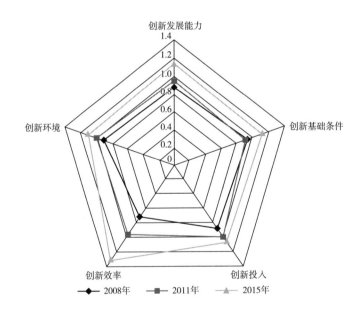

图28 北京市创新发展能力雷达图

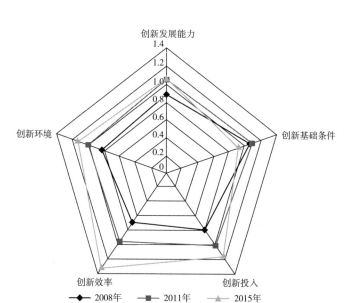

图 29　天津市创新发展能力雷达图

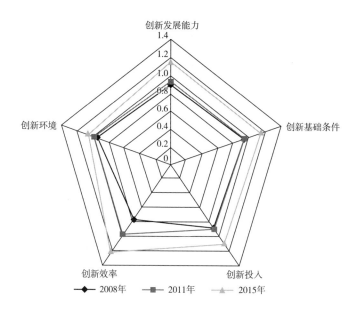

图 30　上海市创新发展能力雷达图

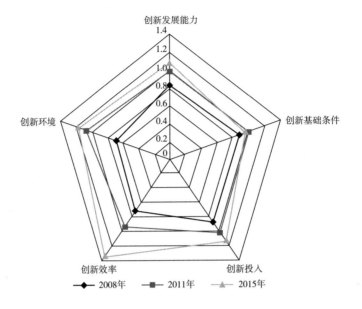

图 31 广州市创新发展能力雷达图

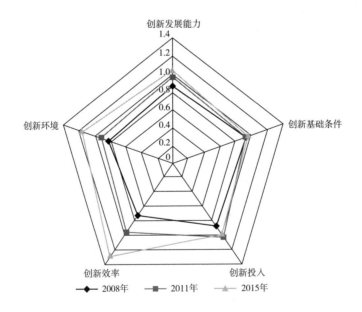

图 32 深圳市创新发展能力雷达图

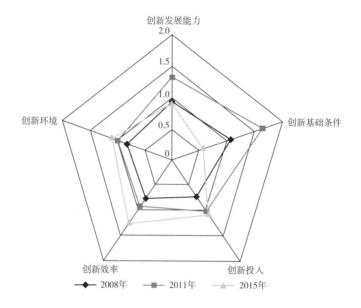

图 33 厦门市创新发展能力雷达图

三 结论及政策建议

本章着重从创新能力提升实现降成本的视角，以对厦门市的创新能力评估为突破口，考察厦门市与国内其他发达城市综合创新能力的差距，以寻找能有效促进厦门市创新能力提升，从而实现积极降成本的具体实施路径。

就综合创新发展能力而言，2015 年厦门市与其他五大发达城市相比，排名第 6 位，有较大的提升空间；2008 年以来排名波动较大，厦门市创新发展能力在 2008 之后几年排名领先，至 2012 年排名垫底，一直持续至今。就各一级指标排名和得分情况而言，①创新基础条件。厦门市创新基础条件排名与创新发展能力变动情况基本一致，2008 年初期在六大城市中排名领先，至 2012 年经济未能及时应对危机做出调整，使排名相对落后，2015 年在六大城市中排名第 6 位。②创新投入。就厦门市创新投入排名情况来看，2008 年以来呈现逐渐向好的趋势，2011 年和 2013 年甚至在六大城市中排名领先；2011 年以来厦门市创新投入排名波动较大，2015 年在六大城市中排名第 5 位。③创新效率。就厦门市创新效率情况来看，2008～2009 年厦门市排名领先，之后整体处于恶化趋势，2011～2013 年排名垫底，之后情况又有所改观，2015 年厦门市创新效率在六大城市中排名第 5 位。④创新环境。就厦门市创新环境情况来看，排名在六大城市中处于中上游水平，同时波动较为明显。2008 年以来排名逐渐下滑，至 2012 年厦门创新环境排名领先，之后又基本处于下滑态势。2015 年厦门市创新环境在六大城市中排名第 4 位。

就创新能力发展和各个一级指标的整体变动情况来看，与其他五大发达城市相比，厦门市各个指标变动的平衡性表现较差，厦门市创新投入、创新效率和创新环境水平自 2008 年以来是在不断改善提升的，但创新基础条件则表现出前两个时期提升过快，不能与其他创新指标实现有效配合，创新效能不能充分发挥，从而造成整体创新发展能力的提升幅度较小。因此，要实现整体创新发展能力提升，就要使创新基础条件、创新投入、创新效率和创新环境等各个子指标稳步提升，才能使整体的创新提升更有效率。

当前，厦门服务业发展呈现产出过于集中、行业间差距明显的特征。厦门服务业占比排名前四的行业，即金融业，批发和零售业，交通运输、仓储和邮政业，房地产业等传统服务业在厦门经济中占主要地位，现代服务业比重不高，典型知识密集型服务业，如信息传输、软件和信息技术服务业，教育，科学研究和技术服务业以及文化、体育和娱乐业 2015 年占比分别为 6.23%、5.18%、2.19% 和 1.15%。2015 年上述排名前四的行业增加值为 943.82 亿元，占服务业总增加值的 63%。这表明，厦门市服务业内部结构尚未成熟，传统行业仍居主要地位，新兴行业及知识密集型服务业发展有待进一步增进。

基于本章的分析，就通过提升整体经济效率和创新能力，尤其是现代服务业创新发展能力，以有效应对城市化阶段面临的成本上升问题，通过效率提升补偿成本上升对生产的影响，以实现积极降成本的过程，对此，我们给出以下政策建议。

（1）加快推进产业结构转型升级，破解生产成本硬约束。厦门市要加快产业转型升级步伐，努力化解生产成本上涨给企业造成的负面影响。具体措施包括：首先，厦门应利用开放特区的优势，积极引进先进的商业模式、生产工艺和管理经验，同时加强对传统产业在新理念、新技术和新产品等方面的植入和改进，替代传统产业的劳动力技能偏向，变革产业发展的劳动力约束；其次，支持本土有能力的服务性企业"走出去"，积极开拓国际市场，进一步拓展厦门现代服务业的发展空间；最后，在上述外引内培的双重作用机制下，加快低附加值产品的更新换代，推动产品向高端化、绿色化和智能化的方向转变，这不仅要推动企业由劳动密集型行业向技术密集型行业转变，而且还要实现企业由单一生产模式向系统集成生产方式的转变，从而优化要素配置，创新生产方式，破解劳动力成本硬约束。

（2）提升员工质量和效率，化解企业成本上升硬瓶颈。首先，厦门市应重视优秀企业家对企业创新发展的影响，通过引导更多优秀企业家发展实体经济、配置更多先进要素进军实体产业等方式，解放传统要素尤其是劳动力成本上升对于企业发展的限制；其次，要加强对现有员工的专业培训，通过远程网络、校企对接、定点培训等方式，发挥厦门互联网发达、教育资源丰富和人才集聚的优势，提高员工质量阶梯和工作效率，弥补劳动力成本上涨给企业发展造成的掣肘，为企业长远发展储备人才；最后，要实施科学合理的薪酬激励机制，通过健全人才激励机制，如产权激励、专利激励等，设立科学合理的绩效考核办法、执行有竞争性的奖励制度等，充分激活员工的创造性和主观能动性，进而促进生产效率提升，弱化低效率劳动成本扩增的影响。

（3）优化创新政策环境，建立健全配套法规，增强现代服务业发展的政策导向作用。首先，厦门应尽快完善服务业相关的政策措施，对服务领域的技术创新型、知识型服务业和新兴服务行业发展，给予优先支持和倾斜；其次，在税务、工商、金融等方面鼓励民营资本进入现代服务业，并提供政策支持，如减少行政审批手续、减免税收鼓励研发、提供融资便利等，形成对现代服务业加快发展的有力支撑；最后，积极营造公平、公正、公开的市场环境，为企业革新传统生产方式、变革低端要素配置困境提供更多的转型空间和创新平台。

（4）利用互联网技术，为产业升级和创新发展平添新动力。"互联网＋"时代已经来临。互联网在削减成本、推广营销和发掘商机等方面具有显著的比较优势，能为企业"开源节流"，尤其是能为中小企业打破劳动力成本桎梏提供有效的途径。如可通过实施网络化、电子化、无纸化的办公方式和扁平化的科层结构，最大限度地减少人员设置和管理层级，以此提高效率和节约成本；发挥"互联网＋"效应，推动传统专业市场向网上交易转变，尽可能地节省因交易所带来的劳动力成本。以此，借助互联网创新企业发展模式，也能有效应对企业成本上升的困扰。

厦门市降低企业成本的
主要政策与措施研究

张小溪[*]

2015年，中央经济工作会议对"十三五"开局之年的经济工作进行了全面部署，强调要着力推进供给侧结构性改革，推动经济持续健康发展。降成本是供给侧结构性改革的关键环节。2016年，中央经济工作会议明确指出，要打出降低实体经济企业成本的"组合拳"，把"降成本"列为经济工作的五大任务之一。中国中小企业发展促进中心《2015年全国企业负担调查评价报告》显示，79%的企业反映人工成本快速攀升，66%的企业反映"融资成本高"，反映"生产要素价格上涨""税费负担重""市场增长乏力""招工难"的企业比例分别达到54%、52%、49%和43%。企业效益来自收入和成本之差，企业只有盈利才能够扩大再生产，才能够有更多的资金用于研发、开拓更为广阔的市场。在当前经济下行压力依然较大、实体经济面临较大困难的情况下，要促进实体经济持续发展，就必须降低企业成本。

* 张小溪，中国社会科学院经济所副研究员，博士。

一 厦门市降低企业负担的主要措施和成果

围绕中央和福建省的要求，厦门市政府在 2016 年先后出台了 35 条企业降成本的政策和措施，以降低企业税费成本、人力资源成本、融资成本、制度性交易成本、生产要素成本、物流成本为重点，厘清政府与市场的定位，进一步推进简政放权、优化服务，全年共为企业减负将近 200 亿元。厦门正在向着"全国企业经营成本最低、营商环境最优的城市"这个目标迈进。

1. 降低企业税费成本

一是实行涉企收费目录清单常态化公示制度。在全市部门开展涉企收费"地毯式"清理，会同市财政局完成编制并公布厦门市政府性基金、涉企行政事业性收费、实行政府定价管理的涉企经营服务性收费目录清单，加强事中事后监管，非目录清单内的政府性基金和涉企行政事业性收费以及定价目录内未经政府定价的涉企收费一律不得收取。

二是逐项落实国家、省、市明令取消、停征、免征的行政事业性收费和经营服务性收费。截至 2016 年 9 月，共落实国家、省政策 20 批次。

三是规范定价管理权限。清理废止定价批费文件 20 份；市级定价管理的经营服务收费减少至 9 大类 31 项目；涉企经营服务收费减少至 5 大类 14 项。

四是规范进出口环节收费。取消电子口岸科技服务等收费项目，实现了进出口环节无省、市级定价经营服务性收费项目。

五是加强收费督查。在全市开展涉企收费、进出口环节收费、银行收费等专项检查，从检查结果看，厦门市涉企收费总体规范，港口规费、报关行业收费有所降低。

2. 降低人力资源成本

一是出台《厦门市人民政府关于进一步减轻企业负担的通知》和《厦门市人民政府关于印发第二批减轻企业负担政策的通知》，实施阶段性降低社会保险费政策，包括调低单位职工养老保险单位缴费费率和基数下限、用人单位职工医疗保险缴费费率、失业保险费缴交费率、工伤保险费率，预计每年为企业减负 12.56 亿元；实施阶段性减半征收残疾人就业保障金，预计每年为企业减负 1.6 亿元；免收退休人员管理活动费，免收市人才服务中心人才市场服务费，预计每年为企业减负 0.95 亿元。

二是下发《厦门市人力资源和社会保障局 厦门市财政局关于做好失业保险支持企业稳定岗位工作有关问题的通知》，规范稳岗补贴发放工作，精简补贴办理流程，实施失业保险援企稳岗政策。

3. 降低企业融资成本

一是中国人民银行厦门市中心支行、厦门市国税局、厦门市地税局联合推出《开展"银税互动"为诚信中小微企业提供融资便利的通知》，对全市纳税信用 A 级企业，特别是中小微企业和自贸试验片区的企业，联合实施"银税互动"，推广"税易贷""税信通"产品等守信激励措施，支持诚信企业融资。

二是出台《厦门市中小企业信贷风险资金管理办法》，设立中小企业信贷风险资金，实施小微企业免抵押、免担保信用贷款风险分担措施。

三是出台《厦门市小微企业还贷应急资金管理暂行办法》，设立还贷应急资金 4 亿元，还款手续简便，为符合国家产业政策和贷款政策、发展前景良好、贷款即将到期而资金周转暂时出现困难的小微企业按期还贷续贷提供短期垫资服务。

四是出台《厦门市中小企业融资担保机构风险补偿资金管理办法》，实施中小企业融资担保风险补偿及保费补助。

五是出台《厦门市人民政府关于推进企业上市的意见》，对企业改制、上市辅导备案、上市融资、进入"新三板"和地方股权交易市场挂牌等方面均给予政策扶持。

六是出台《中国（福建）自贸试验区厦门片区租赁业发展办法》，从业务增信、落户、购租房、业绩奖补等方面对租赁企业给予大力支持，降低企业融资租赁成本。

4. 降低制度性交易成本

一是推进"多规合一"建设项目并联审批。创新提出"一本可研、共同策划、共同审批"的前期工作推进机制，正式印发实施《建设项目生成管理办法（试行）》，推行可研联评联审，有效避免了多部门重复评审，部门之间意见不一、扯皮打架的问题。

二是精简审批事项简化审批流程。经"多规合一"业务协同平台策划并列入市级基建项目前期工作计划的项目，原则上取消项目建议书编制和批准程序。对方案单一、规划明确的新建人行天桥、人行地下通道、一般道路等市级财政投融资项目实行可研及概算合并审批。

三是完成厦门市发改委权力清单、责任清单、公共服务事项清单的编制工作，实现了"行政权力进清单、清单之外无权力"。

5. 降低企业生产要素成本

一是降低企业用电成本。根据《厦门市人民政府关于进一步减轻企业负担的通知》《厦门市经济和信息化局 厦门市财政局关于实施 2016 年工业企业用电奖励措施的通知》，自 2016 年 1 月 1 日起执行一般工商业企业用电价格降价政策，平均下调 2.98 分/千瓦时，全年预计可减负 1.73 亿元。

二是降低企业用气成本。2016 年 8 月 1 日起厦门市管道天然气非居民用气最高销售价格从 3.80 元/立方米下调为 3.49 元/立方米；9 月 1 日起确定厦门市基期输配费用为 0.73 元/立方米（不含税），基期销售价格为 3.44 元/立方米，比原执行价格每立方米下调 0.05 元；10 月 1 日起厦门市管道燃气非居民用户最高销售价格进一步从 3.44 元/立方米下调为 3.13 元/立方米。全年管道天然气非居民用气价格共下调三次，预计为厦门市企业年减轻负担 1.32 亿元。加强对城市燃气公司的成本监审，完成对华润燃气有限公司 2015 年管道燃气配气成本的定（调）价成本监审。

三是降低企业用地成本。根据《厦门市人民政府关于印发推进工业用地节约集约利用实施意见的通知》文件精神，全市全面实行新增工业用地租让弹性年期制，一般工业项目用地租让年期合计不超过 20 年。根据《厦门市建设用地增容审批及地价征收管理办法》规定，厦门市工业用地经批准增容的，免收增容地价。

6. 降低企业物流成本

一是落实《国务院关于改进口岸工作支持外贸发展的若干意见》，自 2015 年 10 月 1 日起在厦门自贸区内，对海关查验没有问题的进出口海运集装箱（重箱）货物（进出口废弃物除外），免除外贸企业在查验环节发生的吊装、移位、仓储等费用，由政府财政承担。

二是《厦门市政府专题会议纪要》明确提出降低部分港航成本的措施，并实施以下措施：暂停收取超限船舶伴航（护航）费，减半收取内贸船舶强制引航发生的引航费，降低码头装卸费和理货费、拖轮费等。

三是厦门市交通运输局厦门市发展现代物流产业协调小组办公室此前根据厦门市人民政府《关于支持发展现代物流产业的若干意见》，发布了《关于减征集装箱车辆、市级重点物流企业货运车辆邮件（快递）运输车辆通行年费的通知》，对符合条件的车辆在通行年费上给予减免50%的福利。

四是厦门市政府出台《厦门市促进物流业降本增效实施方案》，对符合"绿色通道"免征通行费条件的农业产业化龙头企业运输车辆给予免征；降低或免除部分港航领域收费，对内贸船舶因强制引航产生的引航费减半收取；暂缓开征外贸船舶锚地停泊费。

五是出台了《厦门口岸地方政府承担进出口申报环节报关报检费用》，减免报关行申报环节代理报关口岸数据传输费、海关技术补偿费和数据传输费、厦门出入境检验检疫局的报关行申报环节代理报检费、进出口企业报检平台使用费。

六是推行通关便利化。出台了厦门市《落实"三互"推进大通关建设改革方案实施意见》，加快推进跨部门、跨区域通关协作，推动实现口岸管理相关部门信息互换、监管互认、执法互助。充分利用"单一窗口"平台，推动口岸监管与港航物流的融合，实现协同作业和数据共享。

二 可能存在的政策空间

减负政策的出台和实施，在一定程度上减轻了企业在制度性交易、税费、融资、人力资源、生产要素、物流等方面的负担，体现了政府扶持企业发展的决心。但是，在我们的调研过程中，发现至少还存在三个问题。一是企业融资难题依然存在。中小微企业融资渠道狭窄，金融机构融资门槛较高，社会融资成本太高。二是部分减负政策门槛较高。有些减负政策要求企业近三年有亏损就不能享受，而部分企业尚处于发展初期，虽然账面亏损，但是发展前景好，不能享受减负政策，企业反映需适当降低减负政策门槛。三是社会成本提高加重企业负担。厦门房价高企，在厦生活成本不断上升，使企业工人工资预期提高，技术工人和普通工人离职离厦的人数增多，工业企业生存发展环境困难。因此，我们认为政府有必要进一步制定减负政策和措施。下面，我们将对可能存在的政策空间进行分析。

1. 人力资源成本

从厦门、上海、北京、深圳、广州 2016 年社保缴纳标准（见表1）来看，厦门企业目前的社保缴纳标准最低，企业累计缴纳额

表1 厦门、上海、北京、深圳、广州 2016 年社保缴纳标准比较

城市	养老		医疗		失业		生育		工伤	
	雇主	雇员	雇主	雇员	雇主	雇员	雇主	雇员	雇主	雇员
厦门	12%	8%	本市 6%，外来 3%	2%	1%	0.5%	0.7%	—	0.34%	—
上海	20%	8%	10%	2%	1%	0.5%	1%	—	0.2% ~ 1.9%	—
北京	20%	8%	10%	2%	1%	0.2%	0.8%	—	0.2%	—
深圳	本市 14%，外来 13%	8%	6.2%	2%	0.5%	—	0.5%	—	0.34%	1%
广州	12% ~ 20%	8%	7%	2%	0.2%	0.1%	0.85%	—	0.4%	—

资料来源：人力资源和社会保障部。

度为 20.04%（本市）、17.04%（外来）；紧随其后的是广州，最低缴纳标准为 20.45%；然后是深圳，最低标准为 21.54%；接下来是北京，累计缴纳标准为 32%；最高的是上海，最低缴纳标准为 32.2%。其中，厦门市的养老保险和医疗保险的缴纳比例均为最低。但是，生育保险缴纳比例（0.7%）为深圳缴纳标准（0.5%）的 1.4 倍，工伤保险的缴纳比例也明显高于北京和上海。

此外，我们对比了天津、重庆、杭州、宁波、厦门在降低企业人工成本方面的政策（见表 2）。天津市涉及的范围最广，养老、医疗、失业、生育、工伤保险的缴纳比例均有所下调；重庆市调整了养老、失业、生育、工伤保险的缴纳比例；杭州市对医疗、生育、工伤保险的缴纳比例进行了调整；宁波市下调了企业缴纳医疗、失业和工伤保险的比例。相比之下，厦门市的政策略显保守，仅对医疗保险的缴纳标准进行了下调。除了降低社会保险费率，厦门市与天津市都对企业给予稳岗补贴，但是厦门市的补贴门槛略高，必须上年度未裁员或净裁员率低于城镇登记失业率的企业才可以申请补贴。

表 2　天津、重庆、杭州、宁波、厦门降低企业人工成本的政策比较

城市	政策
天津	降低失业、生育、工伤保险缴费费率，调整后综合费率水平由 0.67% 下调至 0.54%；允许困难企业暂缓缴纳养老保险费；允许困难企业调整医疗保险缴费率由 11% 调整为 8%；2016 年企业最低工资标准拟由 1850 元调整为 1950 元；多渠道分流安置富余人员，给予一定的稳岗补贴；加大对企业的职业培训补贴力度，安排 10 亿元资金，相应给予培训成本 100%、90%、80% 的培训费补贴和 100% 的技能鉴定费补贴
重庆	小微企业比照重庆市个体工商户参加城镇企业职工基本养老保险的办法，单位缴费费率执行 12%。失业保险个人缴费率下调 0.5%，工伤保险费率调整为 6.6%，市职工生育保险费率调整为 0.5%

续表

城市	政策
杭州	临时性减征医疗保险费、降低生育保险费率。对企业缴纳的职工基本医疗保险费部分每年减征 1 个月,生育保险费率下降 0.2 个百分点;降低工伤保险费率。对不同工伤风险类别的行业执行不同的工伤保险行业基准费率,企业缴纳的工伤保险基准费率平均下降 0.2 个百分点
宁波	降低社会保险费率。职工基本医疗保险单位缴费比例从 11% 降低到 9%。失业保险费率从 3% 下降至 2%,用人单位和职工个人缴纳费率各降 0.5 个百分点。工伤保险行业基准费率,平均费率从 0.95% 降至 0.61%
厦门	降低社会保险费率。用人单位缴费率从 8% 降为 6%,对象为全市所有为职工缴交基本医疗保险的用人单位。降低人工成本。给企业发放上年度该企业和职工缴纳失业保险费 50% 的稳岗补贴,对象为上年度未裁员或净裁员率低于城镇登记失业率的企业。外来人员基本医疗保险费用人单位缴纳的费率由 4% 下降到 3%

资料来源:厦门市发展研究中心,《厦门降低企业成本的对策建议》,2016 年 4 月。

综上所述,我们认为:第一,在不影响企业员工福利状态的情况下,厦门市企业的社保缴纳标准仍有进一步降低的空间;第二,对于企业的补贴门槛可以适度降低,扩大受益企业覆盖范围,尤其是那些对厦门经济发展有积极作用的企业;第三,补贴的种类也存在增加的空间。

2. 融资成本

据统计,厦门银行融资成本是月均 1.25%、小贷公司为 2.33%、典当行为 3.32%、P2P 机构为 3.45%[①]。在调研过程中,我们发现,首先,中小微企业的融资难问题较为突出,34.3% 的企业认为缺乏直接的融资渠道。虽然目前政府出台了许多倾向于中小微企业的金融扶持政策,政策效果也在逐渐显现,根据《厦门经济

---

① 厦门市发展研究中心:《厦门降低企业成本的对策建议》,2016 年 4 月。

特区年鉴 2016》计算，2015 年小微企业贷款比年初增加 163.81 亿元，占贷款增量的 18.5%，但是银行动力不足、成本效益不匹配、信息不对称、缺乏有效信用平台等问题仍困扰民营企业融资。以 2015 年为例，当年新增贷款 45.1% 流向了个人住房按揭贷款，个人消费贷款成为贷款增长的主力，这无疑让本就缺乏资金的企业雪上加霜，贷款难度加大。其次，金融机构创新服务不足。36.1% 的企业认为金融机构创新服务不足，无法满足中小企业的需求。此外，小额（担保）贷款基金使用不完善。厦门市人力资源和社会保障局公布的数据显示：2011 年全年发放小额（担保）贷款 4474 万元；2012 年发放给创业者 296 人，发放企业 42 家，小额（担保）贷款余额 6592 万元；2013 年发放小额（担保）贷款共计 286 笔 7142 万元。部分创业者以及企业家反映的主要问题是贷款条件过于严格且贷款程序较为复杂，例如，需提供有力的反担保条件，在实际操作过程中多数贷款者难以提供；审批时间长；贷款量少等。对于部分企业贷款，银行要求必须通过担保公司提供信贷担保，并且企业贷款额 15% 左右将用于担保抵押和手续费；企业续贷过程中需要支付高额"过桥费"，"公关"费用增加了灰色的额外成本；风险保证金抬高了融资成本；银行以外的第三方收取的担保费、财产评估费、咨询费、审计费、公证费等推高了融资成本约 2.63 个百分点。

因此，我们建议政府加强融资政策的落地性，保障真正需要资金的中小微企业能够享受到政策福利；提高政府相关机构和金融机构的办事效率，加快小微贷款的审批速度；扩大企业融资渠道，鼓励民间资本和国外资本进入。

3. 企业税费

税费是企业一项主要的成本支出。厦门市全面推进营改增改革，将试点范围扩大至建筑业、房地产业、金融业、生活服务业，实行不动产进项税收抵扣，加强政策宣传和纳税辅导，推动各行业普遍性减税。有效落实高新技术企业所得税、小型微利企业所得税减免、固定资产加速折旧等税收优惠政策，扩大企业减负的受益面。落实 35 条降成本措施，主动降低社保缴费、产权交易成本、进出口通关环节等涉企收费，2016 年减轻企业负担近 200 亿元。

但是，企业总体税收负担较重的情况仍然存在。执行营改增之后，厦门制造业的增值税税率为 14%，一般企业的所得税税率为 25%。2015 年厦门税收占 GDP 比重达 17.49%，虽然低于北京（37.68%）和上海（40.05%），但是在十五个副省级城市中排在前列。从图 1 中可以看出，厦门市的税收比重在逐年扩大，并且在 2015 年超过天津。在企业所得税方面，厦门的企业所得税税率为 25%，而西部大开发对于鼓励类产业都适用 15% 的所得税率，许多地方还提供长达十年的税收地方留成部分返还的优惠。广西北部湾经济区入区企业所得税税率仅为 9%。相比之下，厦门经济特区成为税收高地。为了减轻企业的税收负担，政府出台了相应的税收奖励政策，但是部分政策的兑现存在难度。由于政策宣导不够、审批流程较为烦琐、认定条件较多等原因，相当一部分企业没有办法享受到扶持政策。

综上所述，我们认为厦门市企业的税费负担偏重，存在进一步减负的空间。首先，政府要引导企业用足用好自由贸易试验区和自主创新示范区政策，使企业享受资产评估增值分期纳税、研发费用加计扣除、职工教育经费税前扣除、股权奖励个人所得税 5 年分期缴纳、5 年以上（含 5 年）非独占许可使用权转让所得税优惠等优惠政策。其次，探索降低企业所得税的可能性。最后，全面梳理各项行政收费名目，寻求进一步降低费用的空间。

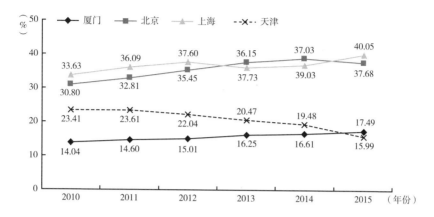

图 1　厦门、北京、上海、天津税收总额占 GDP 总额的
比重（2010～2015 年）

资料来源：Wind。

4. 制度性交易成本

近些年来，虽然厦门市政府不断推动简政放权，在取消下放行政审批事项和优化程序等方面做了大量工作，但仍然存在审批程序不合理、时间长、材料多、收费多、手续多、盖章多等问题。行政审批的时间成本、机会成本和搜索成本等仍然较高。在我们调研过程中发现以下几个问题。

（1）行政费用繁杂，部分费用重复。一是审计项目收费不合理。企业财务报表审计本身就包含对各项税收、成本的审计，但税务部门又要求专门对某个税收出具鉴证报告，增加了企业成本。二是各种检测费、上岗证费等项目烦琐。如物业公司营业需要消控证、电梯员管理证、保安证等各种上岗证。三是股权托管收费高。自 2012 年 1 月 1 日起，非上市股份股权均须在厦门股权交易中心集中登记托管，收费偏高。四是部分建设项目收费不合理。如雷电灾害评估在建筑方案及施工图阶段都已产生过相关费用，施工阶段又要做防雷检测（按建筑面积0.8～1元/平方米收费）；远程监控收费，该项目目前指定由中国电信建设，客户没有市场选择权。

（2）中介收费不规范，甚至较为混乱。一是审批前置、年检、上岗资格培训等中介服务收费较高且乱。一些中介服务只是走过场，没有起到相应的作用，甚至还存在一些中介机构数量较少，导致评审时间较长等问题。二是检验、检测、检定、检疫等种类繁多，重复送检收费现象普遍存在，且存在较多的隐形收费。三是行业协会收费较乱。调研走访的许多企业反映，不同地区不同层次的同性质协会都邀请企业参加，缴纳会费和活动经费，这在一定程度上增加了企业负担。四是一些垄断行业强制收费现象依然存在，提高了企业运行成本。

（3）政策不透明及信息不对称。企业应该享受的税收优惠、财政奖补以及融资等政策由于信息不畅和信息不对称等因素，实际无法享受。比如，企业对人才公寓、职业教育培训补贴等相关政策知晓度低。

（4）政府市场管理缺位。比如企业法律诉讼及维权成本高昂，涉企诉讼案件普遍审理周期长、执行难度大，企业在提起诉讼后需垫付大量的诉讼费、保全费、执行费、鉴定费等司法费用，同时承担着高额的律师费成本，还不一定能够带来合意的效果，一些合约纠纷虽然胜诉，但执行起来非常困难。

从当前存在的问题及政策执行效果来看，我们认为厦门市仍有进一步降低制度性交易成本的政策空间。首先，应全面梳理现有的收费条目，取消重复征收以及不必要的收费项目。其次，探索股权托管阶梯型收费，减轻中小企业、高新产业的收费压力。再次，整顿规范中介收费项目。最后，加大政策宣传力度，建立信息平台，积极有效地向企业传递最新的税收优惠、财政奖补以及融资等政策。

5. 生产要素成本

企业生产要素成本主要包括水、电、燃气和土地等方面。我们对比了厦门与一线城市北京、上海、广州和深圳等的生产要素成本（见表3），其中厦门的电费和燃气费均高于深圳。此外，我们也与天津和重庆进行了对比，除了燃气费用外，其余生产成本均低于这两个城市。总体来看，厦门在生产要素成本方面具有一定优势。2016年以来，厦门市政府进一步实行了电费、燃气费的下调措施。

我们建议，可以进一步细分阶梯性电价，不仅从用电总量来进行梯度划分，也可以根据时段进行划分，综合衡量各个时段的用电价格。此外，虽然厦门的工业用地均价较低，但是2016年以来上升速度很快，也需要引起有关部门的重视，如思明、湖里由700元/平方米调整到1000元/平方米，海沧、集美由480元/平方米调整到550元/平方米，同安、翔安由288元/平方米调整到400元/平方米。

表3　北京、上海、广州、深圳、重庆、天津、厦门的
一般工商业企业生产要素成本（2016年）

城市	水费 （元/立方米）	电费 （元/千瓦时）	燃气费 （元/立方米）	工业一级土地均价 （元/平方米）
北京	6.21	0.721～0.781	3.16	11600
上海	3.8	0.85～0.92	3.57～4.37	6500
广州	3.46	0.786～0.883	4.8	2639
深圳	4.55	0.318～1.180	2.58～4.577	—
天津	6.7	0.885～0.900	3.07	1250
重庆	3.35	0.765～0.820	2.34	1499
厦门	3	0.697～0.777	3.13	700

资料来源：北京、上海、广州、深圳、重庆、天津、厦门发改委，中国地价网。

附 录

厦门市企业降成本措施、政策依据及实施时间一览

序号	政策措施	政策依据	实施时间	备注
一、降低税费成本				
1	落实国家、省出台的涉企行政事业性收费和政府性基金减免政策,包括停征价格调节基金、散装水泥专项资金、新菜地开发建设基金、育林基金、育林基金征收标准降为零,整合部分政府性基金。地方水库移民扶持基金等。项目为中央水库移民扶持基金,地方水库移民扶持基金。	《财政部关于取消、停征和整合部分政府性基金项目等有关问题的通知》(财税[2016]11号)等	2016年2月1日起	—
2	落实国家、省出台的涉企行政事业性收费和政府性基金减免政策,教育费附加、地方教育附加、水利建设基金,免征范围扩大到按月纳税的月销售额或营业额不超过10万元(按季度纳税的季度销售额或营业额不超过30万元)的缴纳义务人	《财政部 国家税务总局关于扩大有关政府性基金免征范围的通知》(财税[2016]12号	2016年2月1日起	—

续表

序号	政策措施	政策依据	实施时间	备注
3	落实国家、省出台的涉企行政事业性收费和政府性基金减免政策，包括对国内植物检疫费、新兽药审批费、《进口兽药许可证》审批费，《兽药规范》和《兽药典》、已生产兽药注册登记费、拖准收载车品种生产审批费（含号牌架、固定封装置）费、拖拉机行驶证费、拖拉机号牌费（含号牌架、固定封装置）费、拖拉机行驶证费、拖拉机登记证费、拖拉机驾驶证费、拖拉机安全技术检验费、渔业船舶登记（含变更登记）费、社会公用计量标准考核费、标准物质定级证书费、国内计量器具新产品型式批准证书费、修理计量器具许可证考核费、计量考评员资格证书费、计量授权考核费、林权勘测绘费等18项行政事业性收费的免征范围扩大到所有企业和个人	《财政部 国家发展改革委关于扩大18项行政事业性收费人免征范围的通知》（财税〔2016〕42号）	2016年5月1日起	—
4	落实国家完善研发费用加计扣除政策，放宽研发活动适用范围，除规定不适用加计扣除的活动和行业外，其余企业发生的研发活动均可以作为加计扣除的研发活动纳入优惠范围。扩大研发费用加计扣除范围，将外聘研发人员劳务费、试制产品检验费、专家咨询费，会议费等纳入研发费用加计扣除范围，高新科技研发保险费以及与研发直接相关的差旅费中要求企业研发费用加计扣除范围，同时放宽原有政策中享受该项税收优惠的条件而在2016年1月1日以后未及时享受该税收优惠的，可以追溯享受并履行备案手续，追溯期限最长为3年	《财政部 国家税务总局科技部关于完善研究开发费用税前加计扣除政策的通知》（财税〔2015〕119号）	2016年1月1日起	—

续表

序号	政策措施	政策依据	实施时间	备注
5	全面实施营改增：自2016年5月1日起，在全国范围内全面推开营业税改征增值税试点，建筑业、房地产业、金融业、生活服务业等全部营业税改为缴纳增值税纳税人、纳入试点范围，由缴纳营业税改为缴纳增值税	《财政部 国家税务总局关于全面推开营业税改征增值税试点的通知》（财税〔2016〕36号）	2016年5月1日起	—
6	研发费用加计扣除，职工教育经费税前扣除，股权奖励个人所得税5年分期缴纳，有限合伙制创业投资企业法人合伙人企业所得税优惠，5年以上（含5年）非独占许可使用权转让所得税优惠，中小高新技术企业股东转赠股本的个人所得税5年分期缴纳等优惠	国家自主创新示范区	—	仅自贸区范围内执行
7	全面落实小微企业税收优惠政策。对月销售额或营业额不超过3万元（含3万元）的小微企业，免征增值税和营业税；对年应纳税所得额在30万元以下（含30万元）的小型微利企业，其所得税减按50%计入应纳税所得，并按20%的税率缴纳企业所得税	《厦门市人民政府关于印发第二批减轻企业负担政策的通知》（厦府〔2016〕163号）	2016年6月1日起	—
8	残疾人就业保障金在现行基础上减半征收	《厦门市人民政府关于印发第二批减轻企业负担政策的通知》（厦府〔2016〕163号）	2016年6月1日～2017年12月	—

续表

序号	政策措施	政策依据	实施时间	备注
9	减半征收企业上缴部分工会经费	《厦门市总工会关于继续执行地税代征工会经费上缴部分减半征收政策的通知》(厦工〔2015〕69号)	2016年1月1日起期限一年	本政策系继续执行,2015年已减半征收
10	减免报关申报环节代理报关口岸数据传输费、海关技术补偿费和数据传输费、厦门出入境检验检疫局的报检费,进出口企业代理报检平台使用费	《厦门口岸地方政府承担进出口申报环节代理报关报检费用》	2015年5月15日起海关技术补偿费,6月1日起自理报关数据传输费;2016年3月1日起减免报关节自理报检及进出口企业申报环节代理报检平台使用费;4月1日起减免报关申报环节代理报关的数据传输费	—
11	免除企业参加广交会、华交会的综合服务费	—	—	市外贸发展专项资金统筹

续表

序号	政策措施	政策依据	实施时间	备注
二	降低人力资源成本			
12	落实国家政策,取消人力资源和社会保障部等部门所属公共就业和人才服务机构收取的人才集体户口管理服务费(包括经营服务性质收费)	《关于取消和暂停征收一批行政事业性收费有关问题的通知》(财税〔2015〕102号)	2016年1月1日起	—
13	对用人单位职工(不含按政策规定参加机关事业养老保险的人员)基本养老保险单位缴交部分的费率由14%调整为12%,减征后涉及个人的保障待遇保持不变	《厦门市人民政府关于继续实施部分企业扶持政策的通知》(厦府〔2015〕377号)	2016年1月1日起期限一年	—
14	对厦门市用人单位职工基本医疗保险费用降低1个百分点缴费	《厦门市人民政府关于进一步减轻企业负担的通知》(厦府〔2016〕73号)	2016年3月1日起期限一年	—
15	对上年度未裁员或净裁员率低于城镇登记失业率的企业给予上年度企业和职工缴纳失业保险费50%的稳岗补贴	《厦门市人民政府关于进一步减轻企业负担的通知》(厦府〔2016〕73号)	2016年3月1日~2020年12月	—
16	用人单位失业保险费缴交费率按1%执行	《厦门市人民政府关于印发第二批减轻企业负担政策的通知》(厦府〔2016〕163号)	2016年6月1日~2017年12月	—

续表

序号	政策措施	政策依据	实施时间	备注
17	用人单位及其职工（不含按政策规定参加机关事业养老保险的人员）缴交基本养老保险费基数的下限与我省城镇职工养老政策一致，即按厦门市最低工资标准执行	《厦门市人民政府关于印发第二批减轻企业负担政策的通知》（厦府[2016]163号）	2016年6月1日～2017年12月	—
18	本市城镇职工基本医疗保险费单位缴费费率按6%执行	《厦门市人民政府关于印发第二批减轻企业负担政策的通知》（厦府[2016]163号）	2016年6月1日～2017年12月	—
19	工伤保险费率在现行基础上减半执行	《厦门市人民政府关于印发第二批减轻企业负担政策的通知》（厦府[2016]163号）	2016年6月1日～2017年12月	—
20	免收退休人员管理活动费	《厦门市人民政府关于印发第二批减轻企业负担政策的通知》（厦府[2016]163号）	2016年6月1日起	—
21	免收市人才服务中心人才市场服务费（招聘会展位费）	《厦门市人民政府关于印发第二批减轻企业负担政策的通知》（厦府[2016]163号）	2016年6月1日起	—
22	外来人员基本医疗保险费用人单位缴纳的费率由4%下降到3%	《厦门市人民政府关于延长基本医疗保险费率降低政策期限的通知》（厦府[2017]16号）	2017年3月1日～2017年12月31日	—

续表

序号	政策措施	政策依据	实施时间	备注
三	降低融资成本			
23	完善小微企业免抵押、免担保信用贷款风险分担机制。2016 年将财政对免抵押免担保信用贷款的代偿比例从 40% 提高到 50%	《厦门市人民政府关于印发全面推进大众创业万众创新创建创业创新示范城市意见的通知》（厦府〔2015〕277 号）	2016 年 1 月 1 日起 期限一年	—
24	帮助小微企业还贷应急周转使用，无偿为企业提供过桥贷款，2016 年将将应急资金规模从 4000 万元提高到 1 亿元	完善《厦门市小微企业还贷应急资金管理办法》（厦财企〔2015〕23 号）	2016 年 1 月 1 日起 期限一年	—
25	将小微企业免抵押免担保信用贷款风险分担比例从 50% 提高到 70%	《厦门市人民政府关于印发第二批减轻企业负担政策的通知》（厦府〔2016〕163 号）	2016 年 6 月 1 日起	—
26	对全市纳税信用 A 级企业，特别是中小微企业和自贸试验片区的企业，联合实施"银税互动"，推广"税易贷""税"税信融通"产品等守信激励措施，支持诚信企业融资	《开展"银税互动"为诚信中小微企业提供融资便利的通知》	2016 年 1 月起	—

续表

序号	政策措施	政策依据	实施时间	备注
四	降低制度性交易成本			
27	市级前置审批项目及审批涉及中介服务事项清理,免于提交前置审批文件101项,减少47.8%的前置审批环节,清理前置审批事项111项,清理事项比例达39.5%	《厦门市人民政府关于公布市级前置审批事项的通知》(厦府〔2016〕185号)、《厦门市人民政府关于公布市级行政审批中介服务事项的通知》(厦府〔2016〕186号)	2016年3月1日起 期限一年	—
28	降低厦门产权交易中心交易成本。一是产权交易佣金。对资产招租租项目,免收招租人手续费;成交价等于挂牌价的,对交易单方最高收费不超过99万元。二是免收出让方交易鉴证费,免收交让1.5亿元以上部分的交易鉴证费。三是免收产权交易信息发布费及公告费	《厦门市人民政府关于印发第二批减轻企业负担政策的通知》(厦府〔2016〕163号)	2016年6月1日起	—
29	充分利用"单一窗口"平台,推动口岸监管与港航物流的融合,实现关建设改革方案实施意见》	《厦门市落实"三互"推进大通关建设改革方案实施意见》	—	—

续表

序号	政策措施	政策依据	实施时间	备注
五	降低生产要素成本			
30	落实国家电价下调政策。下调燃煤发电上网电价,全国平均每千瓦时降低约 3 分钱,降价金额重点用于同幅度降低一般工商业销售电价,支持燃煤电厂超低排放改造和可再生能源发展	《关于贯彻国家发展改革委电价调整有关问题通知》	2016 年 1 月 1 日起	—
31	对 2016 年季度产值同比增长 8% 及以上,季度用电量在 150 万千瓦时以上,且单位产值能耗同比下降的重点制造业企业,按用电增量每千瓦时给予 0.15 元的奖励;对其他符合产业政策的规模以上工业企业,季度用电量在 150 万千瓦时以上,且单位产值产值同比下降的,根据企业季度产值同比增长 13% ~25%、25% 及以上,分别按季度用电量同比用电增量每千瓦时给予 0.075 元、0.15 元的奖励;对新投产规模以上工业企业,用电量按本季度实际用电量的 30% 折算,并按用电增量每千瓦时给予 0.15 元的奖励。以上奖励措施单家企业季度奖励金额不超过 120 万元	《厦门市政府关于进一步减轻企业负担的通知》(厦府〔2016〕73 号)	2016 年 3 月 1 日起 期限一年	—
32	管道天然气非居民用气最高销售价格从 3.80 元/立方米下调为 3.49 元/立方米	—	2016 年 8 月 1 日起	—

续表

序号	政策措施	政策依据	实施时间	备注
33	基期输配费用为 0.73 元/立方米（不含税），基期销售价格为 3.44 元/立方米，比原执行价格每立方米下调 0.05 元	—	2016 年 9 月 1 日起	—
34	管道燃气非居民用户最高销售价格进一步从 3.44 元/立方米下调为 3.13 元/立方米	—	2016 年 10 月 1 日起	—
35	全面实行新增工业用地租让弹性年期制，一般工业项目用地租让年期合计不超过 20 年	《厦门市人民政府关于印发推进工业用地节约集约利用实施意见的通知》（厦府〔2014〕271 号）	—	—
36	厦门市工业用地增容免收地价	《厦门市建设用地增容审批及地价征收管理办法》	—	—
37	为减轻企业办理增加容积率、划拨补出让等项费用，对于办理竣工实测增加建筑面积大于 300 平方米、划拨用地补办出让用地、协议出让土地价格等事项，由市国土局组织开展地价评估，每年由财政拨款约 100 万元用于支付土地评估费用，企业无需支付评估相关费用	—	—	—
六	降低物流成本			
38	免除集装箱查验服务费	《国务院关于改进口岸工作支持外贸发展的若干意见》	2015 年 10 月 1 日起	厦门自贸区范围内

续表

序号	政策措施	政策依据	实施时间	备注
39	从6月3日起暂停收取超限船舶伴航（护航）费	《关于降低港口收费问题专题会议的纪要》（厦府专题会议纪要）	2016年6月3日起	—
40	在现行收费标准基础上减半收取内贸船舶因强制引航发生的引航费；净吨6万吨以上的集装箱船舶，按净吨6万吨封顶计收引航费	《关于降低港口收费问题专题会议的纪要》（厦府专题会议纪要）	2016年7月5日～2017年12月	—
41	符合绿色通道免征政策的农副产品运输车辆进行免征车辆通行费	"绿色通道"政策	—	—
七 技术研发费用奖励				
42	对2015年可加计扣除研发费用高于500万元的企业，按可加计扣除研发费的1%予以奖励，单个企业奖励额最高不超过50万元	《厦门市人民政府关于进一步减轻企业负担的通知》（厦府〔2016〕73号）	2016年3月1日起 期限一年	—

图书在版编目（CIP）数据

厦门降成本评估与政策研究：探索经济转型与治理
之路／王宏淼等著 . －－北京：社会科学文献出版社，
2017.8
（中国社会科学院院际合作系列成果 . 厦门）
ISBN 978 - 7 - 5201 - 1191 - 1

Ⅰ.①厦… Ⅱ.①王… Ⅲ.①地方财政 - 成本管理 -
厦门 Ⅳ.①F812.757.3

中国版本图书馆 CIP 数据核字（2017）第 190967 号

中国社会科学院院际合作系列成果·厦门
厦门降成本评估与政策研究
——探索经济转型与治理之路

著　　者／王宏淼　张　平　张小溪　张　鹏　程锦锥　谢　谦　等

出 版 人／谢寿光
项目统筹／吴　敏
责任编辑／张　超

出　　版／社会科学文献出版社·皮书出版分社 （010）59367127
　　　　　地址：北京市北三环中路甲 29 号院华龙大厦　邮编：100029
　　　　　网址：www.ssap.com.cn
发　　行／市场营销中心 （010）59367081　59367018
印　　装／三河市尚艺印装有限公司

规　　格／开本：787mm × 1092mm　1/16
　　　　　印张：16　字数：189 千字
版　　次／2017 年 8 月第 1 版　2017 年 8 月第 1 次印刷
书　　号／ISBN 978 - 7 - 5201 - 1191 - 1
定　　价／89.00 元